W0174237

Franz-Josef Bode

Und führe uns in der Versuchung

Franz-Josef Bode

Und führe uns in der Versuchung

Vom Umgang
mit den eigenen Abgründen

FREIBURG · BASEL · WIEN

MIX
Papier aus verantwor-
tungsvollen Quellen
FSC® C106847

© Verlag Herder GmbH, Freiburg im Breisgau 2012
Alle Rechte vorbehalten
www.herder.de

Schriftzitate: Einheitsübersetzung der Heiligen Schrift
© 1980 Katholische Bibelanstalt Stuttgart

Umschlaggestaltung: Finken & Bumiller
Satz: Barbara Herrmann, Freiburg
Herstellung: fgb · freiburger graphische betriebe
www.fgb.de

Printed in Germany

ISBN 978-3-451-33331-6

Inhalt

Ein Wort vorweg

»Lasst euch vom Geist leiten«, schreibt der Apostel Paulus (Gal 5,16). »Wir glauben an den guten Geist, der den rechten Pfad uns weist«, so ein Kirchenlied. Wir wissen bei all den Unsicherheiten unseres Lebens, wie sehr wir die Kraft des Heiligen Geistes brauchen zur Aufrichtung, zur Orientierung und zur Ermutigung. Und wie sehr wir mit den Augen des Geistes auch unsere Schattenseiten und unsere Dunkelheiten anschauen müssen, wenn wir weiterkommen wollen. Wer darüber nicht hinwegschaut, wer ehrlich mit sich selbst umgeht, kann einen Weg nach vorn finden. Vertrauen wir uns dem Geist an, mit unseren Schwächen, aber auch mit unseren Stärken in der rechten Weise umzugehen.

Einleitung

Ihr seid zur Freiheit berufen, Brüder. Nur nehmt die Freiheit nicht zum Vorwand für das Fleisch, sondern dient einander in Liebe! Denn das ganze Gesetz ist in dem einen Wort zusammengefasst: Du sollst deinen Nächsten lieben wie dich selbst! Wenn ihr einander beißt und verschlingt, dann gebt acht, dass ihr euch nicht gegenseitig umbringt. Darum sage ich: Lasst euch vom Geist leiten, dann werdet ihr das Begehren des Fleisches nicht erfüllen. Denn das Begehren des Fleisches richtet sich gegen den Geist, das Begehren des Geistes aber gegen das Fleisch; beide stehen sich als Feinde gegenüber, so dass ihr nicht imstande seid, das zu tun, was ihr wollt. Wenn ihr euch aber vom Geist führen lasst, dann steht ihr nicht unter dem Gesetz.

Die Werke des Fleisches sind deutlich erkennbar: Unzucht, Unsittlichkeit, ausschweifendes Leben, Götzendienst, Zauberei, Feindschaften, Streit, Eifersucht, Jähzorn, Eigennutz, Spaltungen, Parteiungen, Neid und Missgunst, Trink- und Essgelage und Ähnliches mehr. Ich wiederhole, was ich euch schon früher gesagt habe: Wer so etwas tut, wird das Reich Gottes nicht erben. Die Frucht des Geistes aber ist Liebe, Freude, Friede, Langmut, Freundlichkeit, Güte, Treue, Sanftmut und Selbstbeherrschung; dem allem widerspricht das Gesetz nicht. Alle, die zu Christus Jesus gehören, haben das Fleisch und damit ihre Leidenschaften und Begierden gekreuzigt. Wenn wir aus dem Geist leben, dann wollen wir dem Geist auch folgen. Gal 5,13–25

Das Freiburger Münster ist weltbekannt wegen seines grandiosen gotischen Turms. Wer ihn besteigt, kann in luftiger Höhe sieben interessante, in Stein gehauene Wesen entdecken: ein fressgieriges Schwein; ein Wesen, halb Mensch, halb Löwe; eine nackte Frau; einen dümmlich lächelnden Ritter; einen Mann mit fettem Gesicht und einem Beutel Geld und noch andere. Was diese seltsame Gesellschaft darstellt, das merkten sich die mittelalterlichen Schüler mit dem Wort SALIGIA. Es ist zusammengesetzt aus den Anfangsbuchstaben von sieben lateinischen Wörtern:

Superbia: Überheblichkeit und Stolz
Avaritia: Habgier und Geiz
Luxuria: Wollust und Unkeuschheit
Invidia: Missgunst, Neid und Eifersucht
Gula: Unmäßigkeit und Völlerei
Ira: Zorn und Hass
Acedia: Trägheit und Unlust

Eine findige Lebensmittelfirma unserer Tage hatte vor einigen Jahren sieben verführerische Eissorten entwickelt, die genau so bezeichnet waren, z. B. »Neid«, »Rache«, »Wollust« oder »Habgier«. Mit Erfolg. Offensichtlich sprechen diese Begriffe Grundversuchungen des Menschen an. Dabei verharmlosen die Eissorten, was vom mittelalterlichen Menschen sehr ernst genommen wurde. Er wusste, wie selbst- und fremdzerstörerisch diese Eigenschaften und Haltungen sein können. Für jeden, der das Leben und die menschliche Realität kennt, sollte das heute nicht anders sein.

Wer ehrlich zu sich selbst ist und die Menschen mit unverstelltem Blick anschaut, wird nicht umhin können, auch Schattenseiten wahrzunehmen. Von ihren ersten Seiten an beschreibt die Bibel nicht nur die Zuwendung Gottes zu den Menschen, nicht nur seine überströmende Liebe, aus der er sich den freien Menschen als Dialogpartner erschafft, als sein Ebenbild und Abbild – also die Heilsgeschichte. Auch von der Unheilsgeschichte, von der Versuchung des Menschen wird gesprochen, von seinem Verlangen, selbst wie Gott zu sein, und vom Missbrauch der Freiheit, die Gott ihm geschenkt hat. Was die Schlange am Baum des Paradieses darstellt, ist nichts anderes, als dass es den freien, von Gott geschaffenen Menschen von Anfang an wurmt, nicht selbst der Schöpfer und Macher der Welt und des Lebens zu sein. Diese Kernversuchung, nur das eigene Ich zum Mittelpunkt der

Welt zu machen, nur sich selbst zu leben, entfaltet sich in sieben Grundhaltungen des von Gott abgewandten und Gott sich widersetzenden Menschen. Die Tradition nennt sie die sieben Wurzelsünden oder Hauptsünden. Bei Cassian (geboren um 360) finden wir sie schon zusammengestellt, auch bei Gregor dem Großen (geboren um 540) und bei Thomas von Aquin (geboren um 1225).

Es mag viele andere mehr oder weniger schwere Unzulänglichkeiten, Fehler, Sünden und Schuldigkeiten geben, unter denen wir im Miteinander oft leiden. Und es ist wichtig, gegen sie anzukämpfen. Aber wir kurieren letztlich nur an Symptomen und werden im Innersten nicht gesund, wenn wir die Wurzeln des Bösen in uns nicht entdecken, denen unsere alltäglichen größeren und kleineren Schulderfahrungen entspringen. In der Tradition ist dieses Böse oft dargestellt wie ein Baum mit sieben starken Ästen, aus denen viele Früchte des Unheils herauswachsen.

Wurzelbehandlung tut not. Beim Zahnarzt ist sie unangenehm, aber unumgänglich für eine dauerhafte Besserung. Wurzelbehandlung heißt hier, die Wurzeln unserer Sünden und Fehler, des misslingenden Teils unseres Lebens freizulegen und zu kappen, damit sie uns nicht weiter Licht, Luft und Wasser nehmen. Sodann gilt es, den Grund unseres Glaubens neu zu entdecken und diejenigen Wurzeln zu erkennen und zu pflegen, die uns halten und durch die wir leben, damit ›unser Baum‹ wieder ganz mit dem gesunden Wasser des Lebens, aus dem Glauben, der Hoffnung und der Liebe genährt werden kann.

1. Kapitel
Superbia: Überheblichkeit und Stolz

»WER SICH ALSO RÜHMEN WILL, DER RÜHME SICH
DES HERRN«

*Das Törichte in der Welt hat Gott erwählt, um die
Weisen zuschanden zu machen, und das Schwache in
der Welt hat Gott erwählt, um das Starke zuschanden
zu machen. Und das Niedrige in der Welt und das
Verachtete hat Gott erwählt: das, was nichts ist, um
das, was etwas ist, zu vernichten, damit kein Mensch
sich rühmen kann vor Gott. Von ihm her seid ihr in
Christus Jesus, den Gott für uns zur Weisheit gemacht
hat, zur Gerechtigkeit, Heiligung und Erlösung. Wer
sich also rühmen will, der rühme sich des Herrn; so
heißt es schon in der Schrift.* 1 Kor 1,27–31

Größer, weiter, schneller: Alle und alles streben heute
nach Überbietungen des Alten und nach Superlativen,
die noch nie da waren. Das führt zu einem Zwang,
ständig im Vergleich mit anderen zu leben. Kann ich
selbst wohl immer noch ein bisschen besser, ein bisschen stärker, ein bisschen weiter und höher sein?
Wachstum ist auch das zentrale Stichwort der Wirtschaft. Wo ich es nicht erreiche, gedeihen Neid und
Missgunst. Wo ich meine, es erreicht zu haben, führt

15

das oft zu Hochmut und Stolz. Schließlich bin, kann und habe ich mehr als andere und kann auf sie herabschauen. Nicht von ungefähr sind die Tiere, die das Mittelalter mit dieser Eigenschaft verbindet, der Löwe, der immer der Stärkere sein will, der Adler, der immer höher hinaus will, oder der Pfau in seiner Eitelkeit.

Dabei geht es gar nicht so sehr um die äußere, auffällige Prahlerei oder das Protzgehabe, sondern um die tausend verborgenen und feinen Formen, den anderen spüren zu lassen, dass ich besser bin; ihn spüren zu lassen, dass er kleiner ist, dass er auf mich angewiesen ist, dass er mir doch dankbar sein muss, dass letztlich ohne mich nichts geht.

Diese Haltung steht an der ersten Stelle unserer Siebenerreihe, denn sie kommt der ersten, der Ur-Versuchung des Menschen am nächsten: sein zu wollen wie Gott. Nicht nur Abbild oder Ebenbild von ihm, sondern selbst der zu sein, der Gott und das Geschaffensein nicht mehr nötig hat, die Abhängigkeit vom Größeren. Ihm ist Gott eher eine Last, ein Konkurrent, ein Missgönner als der Halt, Freund und Orientierer des Lebens. Deshalb erscheinen ihm auch die anderen Menschen eher als Last, als Konkurrenten, als Störenfriede der eigenen Freiheit.

Dem entspricht der Wille, über andere verfügen zu wollen, sie kleinzuhalten und ihre Leistungen kleinzureden, ihre Fehler herauszustellen, um selbst umso besser dazustehen; die Schwächen der anderen auszunutzen, um selbst stärker zu sein oder zu erscheinen. Gerade Menschen mit hoher innerer Unsicherheit und mangelnder Identität brauchen oft die Superbia, das Super-sein-Wollen und Sich-super-Geben, um vor sich und anderen bestehen zu können.

Der Mensch, der die ›Religio‹, die Rück-bindung, verloren hat, verliert die Fähigkeit, sich selbst zu relativieren, sich zurückzunehmen, und macht letztlich sein eigenes Selbst, sein Ich zum Götzen. Auch der Humor, mit dem man sich selbst nicht so wichtig nimmt oder sich selbst auf die Schippe nehmen kann, ist ihm fremd, ja unerträglich.

Wer Gott nicht immer größer sein lassen kann, ihn nicht an der ersten Stelle ertragen kann, hält sich schnell selbst für den Größten – die Tyrannen der Weltgeschichte ebenso wie die kleinen Tyrannen des Alltags, die sich über andere erheben, weil sie ihre eigenen Grenzen nicht annehmen können. Dafür gibt es sehr verborgene, sehr subtile Formen. Selbst die Wohltätigkeit kann dazu gehören, die den anderen gefügig oder dankbar machen will, die ihn zu binden sucht für eigene Zwecke.

Freilich soll der Mensch darauf aus sein, aus seinen Talenten und Gaben möglichst viel zu machen (vgl. Mt 25,14–30) und nie mit sich und anderen, mit der Welt und erst recht nicht mit Gott einfach ›fertig‹ zu sein. Ein Mensch, der keine Ziele, kein ›weiter‹, kein ›höher‹, kein ›besser‹ in diesem Sinn mehr für sich kennt, ist nicht mehr wirklich lebendig. Aber bei der

Superbia geht es um ein ›weiter‹, ›höher‹ und ›besser‹ auf Kosten anderer und nicht für andere. Letztlich geht es um ein ›weiter‹, ›höher‹ und ›besser‹ auf Kosten Gottes.

Die Urgeschichte dieser Überheblichkeit spielt in Babel. Die Menschen wollen in ihrer Vermessenheit einen Turm bauen, dessen Spitze den Himmel erreicht (Gen 11,1–9). Wenn Gott diesem Stolz durch die Sprachverwirrung ein Ende setzt, so mag das auf den ersten Blick wie ein Willkürakt anmuten, um die Menschen klein zu halten. Doch darum geht es nicht. Vielmehr bewahrt Gott die Menschheit durch sein Eingreifen davor, ihre eigenen Möglichkeiten, ihre Freiheit einzusetzen zur eigenen Selbstzerstörung und zur Zerstörung der Welt.

Unsere heutige Diskussion um bioethische Fragen, um Fragen um den Anfang und das Ende des Lebens oder um den Einsatz der technischen Möglichkeiten etwa in der Energiegewinnung zeigt, wie positive Forschung durch Vermessenheit und Überheblichkeit, durch ein Machen ohne Religio, ohne Rück-bindung, die Zukunft des Menschen und der Welt zerstören kann, statt sie aufzubauen. Sie zeigt, wie Lebenswissenschaften, wenn sie sich nicht selbst begrenzen und ihr Maß finden, sich am Ende mehr gegen das Leben wenden können, als es zu erhalten.

In einem ganz anderen Zusammenhang – und dafür gibt es auch in der Geschichte des Christentums Beispiele – ist der Missbrauch von Religion, der Missbrauch des Namens Gottes zur terroristischen Bekämpfung der »Feinde des Höchsten« eine Art von Superbia. Sie setzt sich selbst an die Stelle Gottes, indem sie den eigenen Willen zur Macht als Gottes Willen ausgibt. Dann wird es immer gefährlich.

Jesus macht uns darauf aufmerksam, dass diese Grundhaltungen dem Herzen des Menschen entspringen, dass sie im Kleinen beginnen und aus kleiner Saat große Wirkung zeitigen (vgl. Mk 7). Nicht nur das Reich Gottes wächst wie aus dem Senfkorn zu einem Baum (Mk 30 ff.), auch das Reich des Bösen kennt einen Ursprung in den Gedanken der Menschen. Die ganze Bergpredigt zeugt davon, wie sehr Jesus nicht nur die großen sündigen Handlungen des Menschen anspricht, sondern noch mehr dessen Gesinnungen, dessen Haltungen im Innersten. Wenn man nur auf die Handlung schaut, kann man oft schnell mit dem Finger auf andere zeigen: Was die alle tun, das tu ich ja nicht. Aber im Kleinen, in meiner Seele, in meinem Herzen, wie sieht es da aus?

Ein Sprichwort sagt: »Dummheit und Stolz wachsen auf einem Holz.« Damit ist nichts anderes gemeint, als dass die völlig falsche Selbsteinschätzung, die völlig falsche Wahrnehmung der eigenen Begrenztheit die eigentliche Torheit des Menschen ist, die sich in der Überheblichkeit, der Superbia, ausdrückt (vgl. u. a. das Gleichnis vom reichen Kornbauern in Lk 18,16–21).

Auch in unseren Gemeinden und in unserer Kirche gibt es verschiedene Formen dieses Hochmuts, dessen Gegenstück die Demut ist: ob im gegenseitigen Ausspielen von Gemeinden in pastoralen Verbünden; ob im Kräftemessen der einzelnen Dienste in einer Gemeinde zwischen Priestern und pastoralen Mitarbeitern, Hauptamtlichen und Ehrenamtlichen; ob im Zusammenleben geistlicher Gemeinschaften und Orden, in denen die Ausübung von Macht in ihren verschiedenen Formen eine große Rolle spielt – zuweilen auch unter dem Deckmantel der Demut –; ob im klerikalen Gehabe besserwisserischer Religionsdiener oder in engstirnigen Moral- und Liturgievorschriften, bei denen der Sabbat nicht mehr für den Menschen da ist, sondern der Mensch für den Sabbat (vgl. Mk 2,27); ob im Gespräch mit anderen christlichen Konfessionen in der Ökumene oder im Umgang und Dialog mit anderen Religionen, wo es an der nötigen Demut fehlt im Hören aufeinander, in der Wertschätzung des anderen, in der Hochachtung vor dessen Suche nach Gott und dessen Leben mit Gott.

Das bedeutet nicht, dass wir von unserem Glauben und unserer katholischen Kirche nicht selbstbewusst überzeugt sein dürften und sollten und dass die Freude an unserem Glauben nicht durch alle Knopflöcher wahrnehmbar sein dürfte. Aber es muss auch die Aufmerksamkeit und die Freude am Reichtum des Christlichen und am Reichtum der Religionen deutlich werden, die uns in der Haltung echt suchender Menschen entgegenkommt.

Jesus hat gegen den Hochmut auf vielfältige Weise tiefe Zeichen gesetzt in einer eindringlichen Grundhaltung der Demut, des Mutes zum Dienen: »Ihr wisst ..., dass die Mächtigen ihre Macht über die Menschen missbrauchen. Bei euch aber soll es nicht so sein, sondern wer bei euch groß sein will, sei der Diener aller« (vgl. Mk 10,42 f.). In der Fußwaschung und besonders in seiner Hingabe in Brot und Wein hat Jesus die größten Zeichen dieses Lebensstils gesetzt und damit die tiefste Form der Demut, die Erniedrigung am Kreuz, gedeutet: nicht als Scheitern, nicht als Aufgeben, nicht als Verzweiflung, sondern als selbst angenommenen Weg der Erlösung der Welt. Gott wollte die Welt nicht von oben herab durch die Abschaffung des Leides erlösen, sondern von unten, indem er mit-geht und mit-leidet mit den Menschen bis in die tiefsten Abgründe, damit der Mensch auch dort nicht alleingelassen sei. – Das ist sicherlich das tiefste, undurchdringlichste und trotzdem letztlich tröstlichste Geheimnis unseres Glaubens.

Deshalb kommt Paulus sofort zu Beginn seines Ersten Briefes an die Korinther auf die Wirklichkeit des Kreuzes zu sprechen, die jegliche Versuchung zum Hochmut überwindet:

Das Törichte in der Welt hat Gott erwählt, um die Weisen zuschanden zu machen, und das Schwache in der Welt hat Gott erwählt, um das Starke zuschanden zu machen. Und das Niedrige in der Welt und das Verachtete hat Gott erwählt: das, was nichts ist, um das, was etwas ist, zu vernichten, damit kein Mensch sich rühmen kann vor Gott. Von ihm her seid ihr in Christus Jesus, den Gott für uns zur Weisheit gemacht hat, zur Gerechtigkeit, Heiligung und Erlösung. Wer sich also rühmen will, der rühme sich des Herrn; so heißt es schon in der Schrift. (1 Kor 1,27–31)

Daraus bezieht Paulus sein Selbstbewusstsein. Er tritt entsprechend auf. Aber nicht stolz und hochmütig. Er weiß, von wem er das alles empfangen hat. Gott hat eine Schwäche für die Schwachen. Das ist das Leben, das Paulus uns vorstellt. Daraus sollen auch wir leben.

»Darin liegt unser unverschämtes Selbstbewusstsein als Christen, nämlich in der Übereignung an den Herrn und in der Freude am Herrn.«

Dabei ist das Kreuz nicht das Minuszeichen vor der Welt, sondern das Pluszeichen. Gegenüber aller Gier nach mehr an Wissen, an Macht, an Haben und Sein bezeichnet das Kreuz ein Mehr an Liebe und Hingabe. »Wer sich rühmen will, der rühme sich des Herrn.« Darin liegt unser unverschämtes Selbstbewusstsein als Christen, nämlich in der Übereignung an den Herrn und in der Freude am Herrn. Wer seinen inneren Selbststand, seine Identität, seine Autorität daraus hat, relativiert sich selbst, achtet den anderen und sucht mit ihm gemeinsam, auf Christus zu schauen – zumindest einen Weg in die Zukunft zu suchen. Auch der uralte Philipper-Hymnus, auf den Paulus wohl schon zurückgreift, macht uns das unnachahmlich klar:

Seid untereinander so gesinnt, wie es dem Leben in Christus Jesus entspricht: Er war Gott gleich, hielt aber nicht daran fest, wie Gott zu sein, sondern er entäußerte sich und wurde wie ein Sklave und den Menschen gleich. Sein Leben war das eines Menschen; er erniedrigte sich und war gehorsam bis zum Tod, bis zum Tod am Kreuz. Darum hat ihn Gott über alle erhöht und ihm den Namen verliehen, der größer ist als alle Namen, damit alle im Himmel, auf der Erde und unter der Erde ihre Knie beugen vor dem Namen Jesu und jeder Mund bekennt: ›Jesus Christus ist der Herr‹ zur Ehre Gottes, des Vaters. (Phil 2,5–11)

Lassen wir uns den Spiegel vorhalten, um unsere verborgenen und offenen Versuchungen zum Hochmut, zur Überheblichkeit, zum Wie-Gott-sein-Wollen zu entlarven. Lassen wir uns von Jesus selbst und seinem treuen Zeugen Paulus bei der Hand nehmen hin zu einer Haltung der Demut, die nichts mit Buckeln und Ducken zu tun hat, sondern mit der freien, selbstbewussten Freude an Gott, die den anderen gelten lassen kann, wie er ist, wie er war, ja wie er sein wird.

Noch besser: Beten wir um diese Haltung und lassen wir uns das Geschenk der Freiheit schenken. Sonst könnte schon wieder neuer Hochmut entstehen über unsere ach so tolle Leistung des Besserwerdens. Selbstanpreisungen stoßen ab. Wer sich des Herrn rühmt und nicht seiner selbst, ist wesentlich anziehender und macht die Kirche, das Christentum und den christlichen Glauben einladend und gewinnend.

2. Kapitel

Avaritia: Habgier und Geiz

»Gott liebt einen fröhlichen Geber«

Denkt daran: Wer kärglich sät, wird auch kärglich ernten; wer reichlich sät, wird reichlich ernten. Jeder gebe, wie er es sich in seinem Herzen vorgenommen hat, nicht verdrossen und nicht unter Zwang; denn Gott liebt einen fröhlichen Geber. In seiner Macht kann Gott alle Gaben über euch ausschütten, so dass euch allezeit in allem alles Nötige ausreichend zur Verfügung steht und ihr noch genug habt, um allen Gutes zu tun, wie es in der Schrift heißt: Reichlich gibt er den Armen; seine Gerechtigkeit hat Bestand für immer. Gott, der Samen gibt für die Aussaat und Brot zur Nahrung, wird auch euch das Saatgut geben und die Saat aufgehen lassen; er wird die Früchte eurer Gerechtigkeit wachsen lassen. In allem werdet ihr reich genug sein, um selbstlos schenken zu können; und wenn wir diese Gabe überbringen, wird sie Dank an Gott hervorrufen. Denn euer Dienst und eure Opfergabe füllen nicht nur die leeren Hände der Heiligen, sondern werden weiterwirken als vielfältiger Dank an Gott. Vom Zeugnis eines solchen Dienstes bewegt, werden sie Gott dafür preisen, dass ihr euch gehorsam zum Evangelium Christi bekannt und dass ihr ihnen und

allen selbstlos geholfen habt. In ihrem Gebet für euch
werden sie sich angesichts der übergroßen Gnade, die
Gott euch geschenkt hat, eng mit euch verbunden
fühlen. Dank sei Gott für sein unfassbares Geschenk.

2 Kor 9,6–15

»Geiz ist geil!« posaunte vor geraumer Zeit die Re-
klame. Dieser Satz ist fast sprichwörtlich geworden.
Er redet damit einer neuen Zurück-Haltung das
Wort, die sich auf die Niedrigpreise der feilgebotenen
Produkte konzentriert. Hier wird die durchaus vernünftige Tugend der Sparsamkeit pervertiert zum
Geiz. Und der Geiz wird zugleich verharmlost, weil
er als Lockmittel dient zum höheren Konsum und
von der wirklichen Abgründigkeit der Habgier ab-
lenkt, die den Menschen innerlich zerstört.

So ließ die Antwort christlicher Hilfswerke nicht
lange auf sich warten: »Geiz ist gottlos!«, so ihr Slo-
gan. Neben dem Verfügen-Wollen über andere ist das
Haben-Wollen und Für-sich-behalten-Wollen eine
der grundlegenden Versuchungen des Menschen.
Wer nur haben will, wer nicht loslassen und hergeben
kann, wird unfrei, denn der Besitz gehört dann nicht
ihm, sondern er gehört der Habe. Besitz macht besetzt!

So kommt es nicht von ungefähr, dass das Mittelalter diesem Laster, Avaritia genannt, als Tiere den
dickbäuchigen Dachs, der selbstzufrieden in seiner
Höhle liegt, zuordnete, den Wolf mit seiner lechzen-

den Gier oder die hässliche Kröte, die als Schatzhüterin galt, aber hier ihre Schätze so für sich behält, dass sie sie anderen vorenthält.

Eine kleine indische Geschichte, die zum Fang von Affen anleitet, macht das deutlich: Man nehme eine Kokosnuss, binde sie an einen Baum und gebe etwas Reis hinein. Das Loch in der Nuss soll nur so groß sein, dass der Affe seine Pfote gerade eben hindurchschieben kann. Wenn er sie nun mit Reis füllt und schließt, kann er die geballte Faust nicht mehr herausziehen. Weil er aber den Reis auf keinen Fall loslassen will, ist er gefangen.

Wer seine Hand nicht mehr öffnen kann, der hängt fest. Und je mehr einer hat, desto stärker wird die Versuchung, festzuhalten. Nicht von ungefähr weist Jesus immer und immer wieder auf die Gefahren des Reichtums, des Haben-Müssens, des Geizes hin: »Eher geht ein Kamel durch ein Nadelöhr, als dass ein Reicher in das Reich Gottes gelangt« (Mt 19,24). »Darum kann keiner von euch mein Jünger sein, wenn er sich nicht von seinem ganzen Besitz lossagt« (Lk 14,33). »Wenn du vollkommen sein willst, geh, verkauf deinen Besitz und gib das Geld den Armen«, sagt Jesus einem jungen Mann, den er durchaus mag. Dieser aber »ging traurig weg, denn er hatte ein großes Vermögen« (Mt 19,21 f.).

Dabei verurteilt Jesus nicht die Reichen als solche. Er hat ja keinesfalls nur die Armen wahrgenommen, er war ebenso bei Reichen zu Gast – was man ihm sogar vorwarf: Er sei ein Fresser und Säufer und sei bei den Zöllnern zu Gast, die wahrlich nicht arm waren (Lk 7,34). Ihm geht es um die richtige Haltung zum Besitz, und die ist von Reichen wie von Armen gefordert, wobei die Versuchung des Reichen zum Festhalten offensichtlich ungleich gefährlicher ist. Davor wollte Jesus den jungen Mann, den er liebgewonnen hatte und dessen positive Suche er sah, bewahren.

Die Erfahrungen mit den Finanz- und Wirtschaftskrisen in Europa und der Welt haben uns drastisch vor Augen geführt, wohin ein überbordendes Profitstreben führt, wohin die Maßlosigkeit globalisierter, internationaler Geldmärkte führt. Vor allem Geschäfte, die die Realität verlassen und die der Mensch nicht mehr im Griff behält. Papst Benedikt XVI. hat früh auf die Habgier als Hintergrund von Wirtschaftkrisen und des Zusammenbruchs großer Banken hingewiesen. Er spricht von einer Vergötterung des Mammon. Und die Kirche habe die Pflicht, die Motive und Hintergründe der Krise beim Namen zu nennen. Aber er weist auch darauf hin, dass wir das nicht einfach nur mit einem moralischen Zeigefinger tun sollen. Er sagt, große Moralismen helfen nichts, wenn sie nicht von Sachverstand bestimmt sind. »Eine Moral, die die Sachkenntnis der Wirtschaftsgesetze überspringen zu können meint, ist nicht Moral, sondern Moralismus, also das Gegenteil von Moral.«[1] Man muss sich schon mit den Dingen auseinandersetzen, um zu sehen, welche Probleme strukturell sind und welche an ganz persönlicher Habgier und Profitstreben liegen.

Wir leben in einer Welt, in der der Markt fast alles bestimmt, in der Gewinnmaximierung für viele die letztgültige Option ist. Die bedrohlich sich weiter öffnende Schere zwischen Arm und Reich trägt zum sozialen Unfrieden und zur Radikalisierung nach rechts oder links bei. Die von klein auf eingeübte Haltung, haben zu wollen und zu müssen, zeitigt Folgen in unserer Gesellschaft, die wir in ihrer Tragweite noch gar nicht absehen können.

Immer wieder haben die Kirchen dazu gemahnt, das Soziale neu zu denken, hat vor allem die katholische Soziallehre die Grundprinzipien der personalen Würde des Menschen, der Solidarität und der Subsidiarität herausgestellt, also den Einsatz der verschiedenen Gaben und Fähigkeiten füreinander, dass man sich ergänze und diese Gaben und Fähigkeiten an der richtigen Stelle eingesetzt werden. Und das Prinzip der Nachhaltigkeit, das heißt der Verantwortung vor den künftigen Generationen. Heute spüren wir, wie überlebensnotwendig die Weiterentwicklung dieser Grundsätze ist, allerdings nicht nur auf der globalen Ebene, sondern auch im Ausbau einer Sozialkultur in überschaubaren Sozialräumen, die nicht alles vom Staat erwartet und sich auch nicht ins Private zurückzieht, sondern die überschaubaren Zwischenbereiche des Lebens im Blick hat – in Nachbarschaften, Gemeinschaften, in unseren Pfarreien und pastoralen Räumen, in Vereinen und Verbänden.

Natürlich dürfen wir dabei die weltweiten Zusammenhänge nie aus dem Auge verlieren und das Bewusstsein, Teil eines Ganzen zu sein. Die Kirche ist einer der ganz alten ›global players‹, der globalen Spieler, und der ›global prayers‹, der weltweiten Beter, in ihrer Katholizität. Aber sie hat gleichzeitig immer am Prinzip der Personalität und der Einmaligkeit des Einzelnen festgehalten. In einem solchen Klima, wo wir den Blick für das Große, für den Einzelnen und für das Dazwischen nicht verlieren, kann sich auch ein Klima des Teilens wider das Klima der Habgier und des Nur-an-sich-Denkens entwickeln.

Viele reden neu von Grundwerten und von christlichen Maßstäben und wissen doch nicht recht, was sie letztlich damit meinen. So halt- und grundlos ist vieles in der Welt des Haben-Wollens ausgeufert, dass die Rufe nach wirklichen Werten oft theatralische Lippenbekenntnisse bleiben oder eben der Moralinstanz Kirche zugewiesen werden. Wir Bischöfe werden durchaus gern zu großen Empfängen von Reichen eingeladen, um ihnen auch mal ins Gewissen zu reden. Doch man hat nicht immer den Eindruck, dass dahinter eine wirkliche Suche steckt. Manchmal sind wir nur Zierrat. Aber ich spüre auf der anderen Seite auch, dass viele merken: So kann es nicht weitergehen. Darin liegt eine große Chance, Ansatzpunkte zu entdecken, wieder von der katholischen Soziallehre und vom Teilen und von der Verantwortung der Reichen zu sprechen.

Es geht hier nicht um ›klerikale Besserwisserei‹ nach dem Motto: »Wir haben es ja immer schon gesagt« – dafür sind wir selbst zu sehr der Versuchung des Habens mitverfallen; wir haben auch in der Kirche vor der eigenen Haustür zu kehren –, sondern um die konstruktiv-kritische Mitarbeit an einer weltweiten Wirtschafts- und Sozialordnung, die nicht die Reichen und die Armen jeweils unter sich lässt, sondern eine Ordnung zum Wohle aller sein kann.

Nein, es geht nicht darum, mit dem Finger auf die Großen und auf die Weltweiten zu zeigen oder einer panischen Angst das Wort zu reden, als sei die derzeitige Entwicklung ein unabwendbares und unüberwindliches Schicksal. Es geht vielmehr auch darum, auf uns selbst ganz persönlich im Kleinen des Alltags und im Inneren unsres Herzens zu schauen, um die Ursache der Habgier und des Geizes, der Avaritia, wirklich und ehrlich wahrzunehmen und sie an der Wurzel zu behandeln.

Die Lesung aus dem Zweiten Korintherbrief spricht von der Kollekte des Paulus, dem großen Werk gegenseitiger Hilfe und dem Ausgleich zwischen den Reichen und den Armen in einer Form der Gütergemeinschaft. Die lässt Privatbesitz durchaus zu, aber sie erinnert jeden daran und fordert dazu heraus, zu teilen – angemessen und gerecht.

Jesus fordert uns ja auch heraus, zu teilen in der Verborgenheit, nicht mit großem Getöse, sondern so, dass die linke Hand nicht weiß, was die rechte tut (Mt 6,3). Wir sollen großzügig teilen, und wir sollen fröhliche Geber sein in Heiterkeit und frei, nicht in Verbissenheit. Und auch nicht so, dass einfach nur die Reste des Überflusses von den Tischen der reichen Prasser vor die Füße der Armen fallen (Lk 16,19 ff.).

Dabei verweist Paulus immer auf einen sehr wichtigen Punkt: dass nämlich alle ihre Gaben und Talente nicht sich selbst verdanken, sondern dem Größeren, selbst wenn eigene Leistung auch eine Rolle spielt. Deshalb sollen alle an der Großzügigkeit Gottes Maß nehmen, an seiner Hingabe und Mitteilungsfähigkeit. Außerdem relativiert sich jeder Besitz in dem Gedanken, dass alles auf Erden uns letztlich nur zur Verwaltung und Pflege übergeben ist, weil alles dem größeren Gott gehört. Ihm haben wir Rechenschaft abzulegen, ihm sind wir verantwortlich (vgl. das Gleichnis von den Talenten in Mt 25,14 ff. und das von den bösen Winzern in Lk 20,9 ff.), und nicht nur ihm allein, sondern auch seinem Ebenbild, dem Menschen, besonders im Armen und in den künftigen Generationen. Auch hier gilt: Wer Gott gibt, was Gottes ist – das heißt, wer ihm den ersten Platz zukommen lässt und nicht irgendwelchen Götzen, schon gar nicht dem Geld –, der gibt auch dem Menschen, dem Ebenbild Gottes, was des Menschen ist (vgl. Mt 22,21). Dann wird die Habe nie zu Gott, dann werden die Mitmenschen nie zu feindlichen Konkurrenten, sondern zu Schwestern und Brüdern, zu Mitarbeiterinnen und Mitarbeitern im gemeinsam Umgang mit den Gütern, Gaben und Fähigkeiten beim Aufbau einer gerechten, solidarischen und damit friedlicheren Welt.

Im Angesicht des größeren Gottes und des ewigen Ziels des Menschen spricht Paulus sehr herausfordernde Worte vom Haben, als hätte man nicht: »Die Zeit ist kurz. Darum soll … wer kauft, sich so verhalten, als würde er nicht Eigentümer, wer sich die Welt zunutze macht, als nutze er sie nicht« (vgl. 1 Kor 7,29 ff.). Die innere Unabhängigkeit ist gemeint. Es wird nicht einfach das Haben und der Umgang mit zeitlichen Gütern verurteilt. Das Bedürfnis nach Habe ist demnach grundsätzlich nicht Sünde, sonst gäbe es keine vernünftige Wirtschaft, keinen funktionierenden Markt, keine Bildung, kein Zuhause, keinen Gewinn und kein Wachstum. Aber den Grundbedürfnissen stecken offensichtlich Tendenzen zur Übertreibung inne, die aus der gesunden Suche nach Geltung und Besitz eine Sucht machen, weil die Habe zum Götzen wird.

»Niemand kann zwei Herren dienen, dem Mammon und Gott« (Mt 6,24). Dann wird diese Habe nicht mehr relativiert vor dem, dem alles gehört und der sich selbst so hat, dass er sich ganz geben kann: Gott. Deshalb hat Habsucht etwas Fesselndes im doppelten Sinn: Wir sind fasziniert vom Haben, aber auch gefangen. Und der Geiz, das Nicht-loslassen- und Nicht-teilen-Können machen krank vor lauter Sorge und Angst, etwas zu verlieren oder zu wenig zu haben. Das ganze Leben kreist um den Erhalt des Besitzes.

Das bezieht sich nicht nur auf große Reichtümer, es geht auch um das Festhalten und Haben-Müssen von kleinen Dingen, von Wissen, von Menschen, von jeder Art von Besitz bis zur Besessenheit. Selbst der Habenichts kann von seiner Sehn-Sucht nach Habe so besetzt sein, dass sie ihn besitzt.

Auch unsere Gemeinden, auch unsere geistlichen Gemeinschaften und Ordensgemeinschaften, unsere ganze Kirche müssen sich immer wieder fragen lassen, wie sie mit Besitz umgehen. Kirche und Finanzen, Glaube und Geld sind sehr heiße Themen. Sie müssen es auch bleiben im Ringen um den richtigen Umgang mit den Gütern. Freilich auch mit den geistigen Gütern, aber das ist ein eigenes Kapitel.

Die vergangenen Jahre und die konjunkturelle Entwicklung werden uns zwingen, noch verantwortlicher und differenzierter mit unserer Habe umzugehen und die Schwerpunkte in der Pastoral und in unserer Kirche richtig zu setzen. Es geht um eine neue Kultur des Teilens, auch innerhalb unserer Kirche. Darüber hinaus natürlich mit den Menschen in der Weltweite. Wir brauchen dazu neue Akzente.

Die Evangelischen Räte Armut, Keuschheit/Ehelosigkeit und Gehorsam sind Grundentwürfe für den Umgang mit dem eigenen Besitz, den eigenen Beziehungen und dem eigenen Willen. Sie gelten nicht nur für die Ordensleute und Christen in besonderer Nachfolge, sondern für die Kirche als Ganze und für jeden Christen. Denn es geht um eine Kirche gewinnender Einfachheit, es geht um eine Kirche in der Freiheit von den Gesetzen des Marktes und der Moden und der Trends, und es geht um eine Kirche des sensiblen Gehorsams gegenüber Gott und den

»Kann es sein, dass wir ständig hinter so vielem her sind, weil uns das Ein und Alles fehlt – in einem Größeren, in Gott?«

Menschen, des sensiblen Gehorsams gegenüber der Wirklichkeit. Das wäre eine Kirche, die echt und glaubwürdig Sein und Haben transparent und lauter darstellen kann und so ein hochwirksames Zeichen einer positiven Lebenskultur ist. Denn die Versuchung, haben zu müssen, und die Gefahr, besessen zu werden, beziehen sich auf Dinge, auf Menschen und auf jedes Selbst. Die Gegenhaltung ist die Einfachheit, die Anerkennung der Unverfügbarkeit einer Person in der Liebe und die Wachheit des Gehorsams, der Horchsamkeit in die Wirklichkeit und vor allem gegenüber Gott. Ein Lebensstil der Einfachheit, der Reinheit, Transparenz und Lauterkeit und des wachen Horchens ist das Gegenmittel gegen die Besessenheit von Haben-Müssen und Besitz.

Teresa von Avila sagt: »Wer Gott hat, hat alles. Gott allein genügt.« Kann es sein, dass wir ständig hinter so vielem her sind, weil uns das Ein und Alles fehlt – in einem Größeren, in Gott? Kann es sein, dass wir unablässig etwas brauchen, weil wir innerlich leer geworden sind oder weil wir uns mitunter zu ungebraucht oder überflüssig vorkommen? Kann es sein, dass ein von allem Möglichen besetztes Herz und eine gefüllte Faust sich nicht mehr den anderen und Gott zuwenden können vor Angst, alles rinne dann aus den Händen? Wem Gott mehr und mehr sein Alles wird, wem Gott mehr und mehr genügt, wird immer fähiger, die Hände zu öffnen – und er wird freier!

In dem Gedicht »Anbetung« des Priesters Andreas Knapp wird diese Freiheit sehr gut verdeutlicht, die uns gerade in der Anbetung des immer größeren Gottes geschenkt ist:[2]

im Labyrinth der Gedanken
den roten Faden finden
zur golden Mitte

das Knäuel der Gefühle
entwirren lassen
zur Hellsicht der Liebe

dich dem beherrschenden Fremden
und allen Symbiosen entwinden
vor keinem Abgott knien

denn alle Götzen
binden dich so
dass du ihnen verfällst

und nur die Anbetung
die dich frei macht
gilt wirklich Gott

Machen wir uns wieder neu in und an Gott fest (auf
Englisch: fasten, eine sinnige Mehrdeutigkeit), um
freier zu sein von allen Dingen, die wir ›vergöttern‹,
die uns binden, die nicht mehr wir haben, sondern
die uns haben: Dinge, Menschen, Beziehungen, Lebensumstände.

Und wir spüren, wie die Habgier eine Grunddimension ist auch der anderen Versuchungen wie
Unmäßigkeit, Unkeuschheit, Neid, weil es auch dort
um Besitzergreifung von Nahrung, von Personen
und von Dingen geht, verborgen oder in der offenen
Form der Sucht. Nur die Sehnsucht nach dem größeren Gott kann uns davor bewahren. Wer Gott hat, hat
alles. Er braucht trotzdem noch vieles. Aber er
braucht es nicht als seinen Gott. Denn nur Gott allein
genügt.

3. Kapitel
Luxuria: Wollust und Unkeuschheit

»Verherrlicht also Gott in eurem Leib«

»Alles ist mir erlaubt« – aber nicht alles nützt mir. Alles ist mir erlaubt, aber nichts soll Macht haben über mich. Die Speisen sind für den Bauch da und der Bauch für die Speisen; Gott wird beide vernichten. Der Leib ist aber nicht für die Unzucht da, sondern für den Herrn, und der Herr für den Leib. Gott hat den Herrn auferweckt; er wird durch seine Macht auch uns auferwecken. Wisst ihr nicht, dass eure Leiber Glieder Christi sind? Darf ich nun die Glieder Christi nehmen und zu Gliedern einer Dirne machen? Auf keinen Fall! Oder wisst ihr nicht: Wer sich an eine Dirne bindet, ist ein Leib mit ihr? Denn es heißt: Die zwei werden ein Fleisch sein. Wer sich dagegen an den Herrn bindet, ist ein Geist mit ihm. Hütet euch vor der Unzucht! Jede andere Sünde, die der Mensch tut, bleibt außerhalb des Leibes. Wer aber Unzucht treibt, versündigt sich gegen den eigenen Leib. Oder wisst ihr nicht, dass euer Leib ein Tempel des Heiligen Geistes ist, der in euch wohnt und den ihr von Gott habt? Ihr gehört nicht euch selbst; denn um einen teuren Preis seid ihr erkauft worden. Verherrlicht also Gott in eurem Leib! 1 Kor 6,12–20

»Alles ist erlaubt.« Viele Menschen scheinen heute nach diesen Worten aus dem Ersten Korintherbrief zu leben. Gerade im Bereich der Beziehungen und der Sexualität ist in den letzten Jahrzehnten fast alles möglich und machbar geworden. Nach Zeiten der Prüderie und Enge öffneten sich die Ventile in der sogenannten sexuellen Revolution der 68er und 70er Jahre. Natürlich gibt es noch wahre Liebe, aber vieles ist auch ›Ware Liebe‹.

Was möglich ist, kommt vor – in welchen Kreisen und Berufen auch immer –, in einem immer stärker werdenden Hang zur Perversion und mit immer jünger werdenden Objekten der Lust, zu denen Kinder und Jugendliche gemacht werden. Das Internet bietet fast unbegrenzte Möglichkeiten der Kontaktaufnahme und der suchthaften Schaulust. Ganze Industrien leben davon – und unser Denken und Fühlen werden davon tiefer beeinflusst, als wir uns oft bewusst sind.

In den vergangenen Jahren ist die Kirche zutiefst erschüttert worden durch die Aufdeckung von sexuellem Missbrauch durch Priester und kirchliche Mitarbeiter. Das hat uns neu sensibilisiert für alle Fragen des Umgangs mit Sexualität, Macht, Gewalt und geistiger wie geistlicher Abhängigkeit. Immer deutlicher wird, wie wir uns um gute Bedingungen für einen gesunden Umgang mit der eigenen Leiblichkeit, mit den Beziehungen und mit anvertrauter Macht sorgen müssen.

Viele spüren heute – ähnlich wie bei der Finanzkrise und der grassierenden Sinnkrise –, dass es so nicht weitergehen kann. Sie spüren, dass die Menschen keineswegs freier und menschlicher, die Beziehungen nicht kultivierter und schöner, die Liebe und der Friede nicht größer geworden sind. Im Gegenteil: Abhängigkeiten, Süchte, Unfreiheit, Unkultur, Perversion, Lieblosigkeit, Unverbindlichkeit und das Zerbrechen von Beziehungen sind in enormem Maß gewachsen.

Viele spüren, dass es gerade im Bereich des menschlichen Miteinanders, in den Beziehungen des Lebens und der Liebe neue Maßstäbe und Lebensstile geben muss, die zu größerer Bindungsfähigkeit, Zuwendungsfähigkeit, Tragfähigkeit und Liebesfähigkeit führen. Besonders auch junge Leute setzen auf Werte wie Verlässlichkeit, Familie, Geborgenheit, Echtheit, selbst wenn sie die Wege dorthin in den Normen und Lebensregeln, die unser Glaube und unsere Kirche dabei kennen, weithin nicht so akzeptieren. Doch in den Grundwerten und Zielen menschlichen Miteinanders sind sich die jungen Generationen und unser christlicher Glaube manchmal näher, als es auf den ersten Blick scheinen mag. Alle Umfragen zeigen, dass trotz erhöhter Zerbrechlichkeit menschlicher Beziehungen der Wert der Familie ungebrochen als hoch angesehen wird.

Auf dem Wort Keuschheit lastet viel Staub. Es klingt überholt. So mancher junge Mensch kennt es erst gar nicht. Was soll das auch noch in einer Zeit, die Prüderie und sexuelle Gängelung überwunden zu haben glaubt? Wer sich um Keuschheit müht, wird weithin belächelt. Oder er weckt in den Älteren die Erinnerung an die langen Jahre, in denen die Unkeuschheit – »allein oder mit anderen« – so sehr in den Mittelpunkt des Sündenbewusstseins gerückt wurde, dass viele die positive Wertschätzung der Sexualität durch die Kirche und den Wert Keuschheit nicht mehr erkennen konnten und sich deshalb enttäuscht und verletzt von der Bußpraxis, ja sogar von der Kirche abwandten.

Das Wort Keuschheit kommt vom lateinischen *conscius*, das heißt: mitwissend sein, gewissen-haft, sich bewusst sein der christlichen Werte, der Tugendhaftigkeit. Es ist später sehr eingeengt worden. Keuschheit ist eine Art Wertgefühl, in großer Wachheit und Bewusstheit mitwissend mit dem, was für den Menschen gut und richtig ist, und vor allem in hoher Sensibilität und Achtung für die persönliche Freiheit und die (Intim-)Sphäre des anderen.

Die Grundhaltung Keuschheit trifft uns da, wo wir und andere äußerst verletzbar sind. Sie berührt uns als Menschen, die mit Leib und Seele fühlen, die als Mann und Frau fühlen. Sexualität ist und bleibt ein Kernbereich des Menschen, allerdings niemals losgelöst von den Lebensvollzügen des Menschen überhaupt. Deshalb binden wir sie auch ein in den Eros, die erotische Liebe, in die *Agape* (die Nächsten- und

Gottesliebe) und in die *Philia* (die Freundschaft von Menschen). Wir sind Menschen, die einen Leib nicht einfach *haben*. Wir *sind* Leib. Von unserem Leib, unserem Geschlecht können wir uns nicht einfach distanzieren. Wir können deshalb auch nicht einfach darüber verfügen.

Die Sexualität ist eine Kraft, die uns durch und durch bestimmt, bewusst oder unbewusst: unseren Umgang miteinander, unser Sehnen, Hoffen und Wünschen, ja sogar die Weise unserer Liebe zu Gott. In der Bibel wird die Beziehung zwischen Gott und Mensch, zwischen Gott und seinem Volk oft mit einer Verlobung, mit einer Ehe, mit einer erotischen Liebe verglichen. »Wie eine Blume auf der Wiese ließ ich dich wachsen. Und du bist herangewachsen, bist groß geworden und herrlich aufgeblüht. Deine Brüste wurden fest; dein Haar wurde dicht. Doch du warst nackt und bloß. Da kam ich an dir vorüber und sah dich, und siehe, deine Zeit war gekommen, die Zeit der Liebe. Ich breitete meinen Mantel über dich und bedeckte deine Nacktheit. Ich leistete dir den Eid und ging mit dir einen Bund ein ... und du wurdest mein.« So spricht Gott im Buch Ezechiel zu seinem Volk (Ez 16,7 f.; vgl. auch Hos 2 f.; Jer 2,2; Ez 23). Oder beim Propheten Jesaja heißt es: »Wie der junge Mann sich mit der Jungfrau vermählt, so vermählt sich mit dir dein Erbauer. Wie der Bräutigam sich freut über die Braut, so freut sich dein Gott über dich« (Jes 62,5). Die schönsten Zeugnisse sind das

»Hohelied« im Alten Testament und das »Hohelied der Liebe« im Ersten Korintherbrief des Neuen Testaments.

Die Liebe, ganz besonders auch die geschlechtliche Liebe, ist eine positive Kraft, ein großartiges Geschenk, das uns beflügeln, uns glücklich und zufrieden machen kann, das uns freilich aber auch herausfordert und eine besondere Abgründigkeit enthält, wenn es sich nicht in das Ganze des Menschen und seine Beziehung zu Gott einordnet. Deshalb ist über Keuschheit und Unkeuschheit zu sprechen auch dann, wenn es unbequem erscheint.

Das Mittelalter verband mit der Unkeuschheit als tierische Symbole den Bock und das Schwein. Oder auch das Symbol des Spiegels, der Eitelkeit, der Selbstbezogenheit, oder die verlockenden Sirenen, die durch ihren Gesang die Menschen in Versuchung führen.

Keuschheit hat also mit Bewusstheit, mit Wachheit, mit Wachsamkeit, mit Offenheit, Klarheit, Lauterkeit zu tun, Unkeuschheit mit Selbstbezogenheit, Undurchsichtigkeit, Doppeldeutigkeit und Sich-treiben-Lassen. Gerade in dem intimen Miteinander der Menschen sind Offenheit, Klarheit, Lauterkeit lebensnotwendig für das Gelingen der Beziehung. Wo etwas versteckt wird, wo etwas unklar bleibt, wo der andere nicht als der andere angenommen wird und ich selbst mich nicht als ich selbst gebe, entstehen gefährliche Risse. Wo die Absichten nicht mehr durch-

schaubar sind, sich hinter der Maske der Hingabe ein
großer Egoismus verbirgt, wird die gegenseitige Befriedigung zur Selbstbefriedigung zu zweit, und aus
der Offenheit für neues Leben die Verhinderung von
Leben und Zukunft. Wie tief enttäuscht und verletzt
sind Menschen, wenn sie merken: Der andere hat
mich eher benutzt; er meint gar nicht mich selbst, er
meint mehr etwas an mir als mich selbst; er meint
mich nur für eine gewisse Zeit!

Einen Menschen zu begehren, sich von ihm ange-
zogen zu fühlen, ist wertvoll und schön. Vom anderen
zu hören und zu spüren: Du bist mir wertvoll, ich bin
gern bei dir, ich will bei dir bleiben – das lässt auf-
leben, froh und lebendig sein, lässt auch schwierige
Wege miteinander ertragen. Füreinander da zu sein,
ist kostbar und lebenswichtig. So füreinander da zu
sein, braucht Klarheit und Lauterkeit, braucht auch
Verbindlichkeit, Verantwortung und Verpflichtung –
und auch sicher die Bereitschaft zum Leiden. »Du
bist zeitlebens für das verantwortlich, was du dir ver-
traut gemacht hast«, sagt Antoine de Saint-Exupéry.[3]
Denn solche Liebe hat mit Gott zu tun, der selbst
Liebe ist in Treue und Fruchtbarkeit. Deshalb fügt
jede Trübung der Klarheit in der Liebe dem anderen
Menschen Schaden zu. Liebe und Zärtlichkeit sind
viel zu wichtig, als dass wir uns leisten könnten, unge-
ordnet damit umzugehen.

Unkeuschheit meint solche Unordnung, Unlauter-
keit und Doppeldeutigkeit. Auch hier weiß Jesus, der

die Menschen in ihrer Tiefe kennt, wie sehr Unkeuschheit im Herzen, in den Gedanken, im Alltag anfängt (Mk 7,21 ff.; Mt 5,27 f.). Nicht erst der vollzogene Ehebruch, nicht erst die sexuelle Ausschweifung und Perversion ist die Unkeuschheit. Sie beginnt bereits, wo ich einen Menschen mit meinem Blick ausziehe, wo ich ihn innerlich und geistig entblöße, wo ich den menschlichen Körper, der doch Tempel des Heiligen Geistes ist (1 Kor 6,19), zum Gegenstand und zum Lustobjekt mache. Nicht umsonst folgen in den Zehn Geboten auf das Gebot der Erhaltung des Lebens die Gebote der richtigen Beziehung zueinander in der Sexualität, das Gebot der Wahrheit und das Gebot des rechten Umgangs mit dem Haben, mit dem Eigentum. In Beziehung zu leben, braucht Wahrheit und darf einen Menschen nicht zur Habe machen.

Schauen wir noch einmal auf Paulus. Er selbst lebte die Ehelosigkeit, und auch deswegen wird er von vielen für leib- und sexualitätsfeindlich gehalten. Doch alle seine Aussagen in diesem Bereich zeugen von einer nüchternen und zugleich tiefen Sicht der menschlichen Leiblichkeit und der menschlichen Beziehungen, vor allem in der Ehe.

Ähnlich wie bei der Habgier geht es wieder um den richtigen Bezugspunkt zu Gott als zuerst Liebenden und zuerst Geliebten, damit Beziehungen besonders in der Sexualität nicht so sehr Macht gewinnen, dass der eigene Leib oder der des anderen so vergötzt wird – oder auch verteufelt –, dass sie zwischen uns und Gott treten.

»Alles ist mir erlaubt, aber nichts soll Macht haben über mich. ... Der Leib ist nicht für die Unzucht da, sondern für den Herrn, und der Herr für den Leib. ... Wisst ihr nicht, dass eure Leiber Glieder Christi sind? ... Wisst ihr nicht, dass euer Leib ein Tempel des Heiligen Geistes ist?« – Daran ist alles zu messen. Was dem Leib Christi und dem Tempel des Heiligen Geistes widerspricht, kann nicht gut sein für den Menschen: alles, was nur meine eigenen Bedürfnisse vergötzt und den anderen zu ihrem Instrument macht; alles, was im anderen nicht mehr das Ebenbild Gottes entdeckt, sondern letztlich nur das eigene Spiegelbild; alles, was das Miteinander von Menschen nicht offen und weit hält für Gott und die Mitmenschen, was ihnen nicht mitten in allen Beziehungen noch Raum lässt – all das kann nicht gut sein.

Wo Gott die Mitte des Bundes bleibt und die Liebe offen für neues Leben und für Menschen, die uns brauchen, da ist die Liebesbeziehung die stärkste positive Kraft auf Erden – auch für den Glauben. Und deshalb ist es wiederum ein tiefes Wort, das sagt: »Die Erfahrung lehrt uns, dass Liebe nicht darin besteht, dass man einander ansieht«, sich sozusagen gegenseitig fixiert, »sondern dass man gemeinsam in gleicher Richtung blickt.«[4] Wenn es nämlich in der gegenseitigen Liebe den Größeren gibt, den Dritten, auf den man sich bezieht – das kann das werdende Leben sein, das kann der andere Mensch sein, dem wir uns in der Nächstenliebe gemeinsam zuwenden, und das kann am meisten Gott sein –, dann verkeilt sich die Liebe nicht ineinander; wir vergötzen uns nicht gegenseitig oder verteufeln uns nicht gar am Ende.

In diesem Sinn kann Augustinus sagen: »Liebe und tu, was du willst.«[5] Denn die Liebe, wie sie Paulus als eine der größten Gnadengaben Gottes im 13. Kapitel des Ersten Korintherbriefs preist, ist der Grund echter, tragfähiger und gottgefälliger Beziehung: nicht allein als Verliebtheit, nicht allein als schönes Spiel, nicht allein als Befriedigung – das alles gehört auch dazu –, sondern als ganzheitliche, leib-geistige Hingabe, als Geschenk aneinander, empfangen und maßgenommen an Christus: »Liebt einander, *wie* ich euch geliebt habe« (vgl. Joh 13,34).

Diese innere Verbindung von Gottes- und Nächstenliebe hat Papst Benedikt XVI. in seiner ersten Enzyklika »Deus caritas est« in besonders schöner Weise herausgestellt:

Wenn die Berührung mit Gott in meinem Leben ganz fehlt, dann kann ich im anderen immer nur den anderen sehen und kann das göttliche Bild in ihm nicht erkennen. Wenn ich aber die Zuwendung zum Nächsten aus meinem Leben ganz weglasse und nur ›fromm‹ sein möchte, nur meine ›religiösen Pflichten‹ tun, dann verdorrt auch die

Gottesbeziehung. Dann ist sie nur noch ›korrekt‹, aber ohne Liebe. Nur meine Bereitschaft, auf den Nächsten zuzugehen, ihm Liebe zu erweisen, macht mich auch fühlsam Gott gegenüber. Nur der Dienst am Nächsten öffnet mir die Augen dafür, was Gott für mich tut und wie er mich liebt (DC Nr. 18).

Was hier von der Nächstenliebe gesagt ist, gilt doch erst recht für die, die in ehelicher Liebe verbunden sind.

»Verherrlicht also Gott in eurem Leib!« – Das ist eine der höchsten Aussagen zu Leiblichkeit und leiblicher Beziehungsfähigkeit des Menschen, der ein Geist mit Christus ist. »Die höchste Verherrlichung Gottes ist der lebendige Mensch *(Gloria Dei vivens homo)*«, wird später der Kirchenvater Irenäus sagen,[6] der Mensch aus Fleisch und Blut, aus Leib und Seele, aus Geist und Körper.

Diese tiefe Sicht des ganzen Menschen mit seinen geistig-geistlichen und leiblich-körperlichen Möglichkeiten ist – erst recht seit der Menschwerdung Gottes – der Raum, in dem wir auch den richtigen Umgang mit uns selbst und den anderen finden.

Ob in der Ehe, auf dem Weg zur Ehe, in echter Freundschaft oder auch in der Ehelosigkeit als Lebensentscheidung, die nicht mit Junggesellendasein und Single-Mentalität zu tun hat: Es braucht diese Reinheit des Herzens als Transparenz und Lauterkeit unseres Lebens, es braucht die hohe Ehrfurcht vor sich selbst und den anderen als Tempel des Heiligen Geistes, es braucht das immer spannende Miteinander von Distanz und Nähe, von Zuwendung und Loslassen, von Begeisterung und Nüchternheit, von Leidenschaft und Gelassenheit, um der persönlichen Lebenslage gewachsen zu sein.

Wer sich heute in diesem Bereich ständig der Reizflut der Bilder und Worte aussetzt, darf sich nicht wundern, dass ihn die Dinge zu sehr besetzen. Das gilt für alle, ob Eheleute oder Ehelose. Jeder weiß, wie schwer es ist, sich dieser Flut von Bildern und Worten zu entziehen oder besser: sie so zu ›entwerten‹, dass Räume des Abstands, der Ruhe oder auch die Fähigkeit, sie umzuwandeln, bleiben: umzuwandeln in Staunen vor der Schönheit Gottes und des Menschen und in Erschrecken vor der menschlichen Abgründigkeit. »Was ist der Mensch, dass du an ihn denkst, des Menschen Kind, dass du dich seiner annimmst«, ruft der Psalmist aus (Ps 8,5). Er zeigt damit das Bewusstsein unserer eigenen Schwäche und gleichzeitig das Staunen über die Zuwendung unseres Gottes, der sich bis in unsere Abgründigkeiten uns zuneigt.

Das muss auch das Ziel der ganzen Pastoral, Ethik und Moral der Kirche sein: aus der Schönheit unseres Glaubens an den menschgewordenen Gott eine positive Haltung zur Leiblichkeit des Menschen zu gewinnen; den Glauben mehr als Lust denn als Last zu empfinden; in allen Generationen Hilfen zur Kultur der Sexualität zu geben, die über Vorschriften, Gebote und Verbote hinausgehen; einen Lebensstil der Lauterkeit und Transparenz zu pflegen – besonders in ihren Verantwortlichen in Kirche und Gesellschaft. Und allen Gefallenen und Gescheiterten in diesen Fragen so barmherzig wie möglich zu begegnen, ohne dass wir die Grundsätze aufgeben müssten. Denn auch offene Türen brauchen ein festes Rahmenwerk. In bröckelnden, zerfallenen Gemäuern und auf sandigem Grund brechen Lebensträume zusammen, können weder Freiheit und Raum noch Geborgenheit und Schutz bestehen.

Eine in sich zerfallende Unkultur der Leiblichkeit, die nur Lust an dem hat, was sie gerade will (Wollust), zerstört auch den Geist, weil nun mal der menschliche Geist ganz in Leib existiert.

Insofern muss unsere Gesellschaft, unsere Politik überlebensnotwendig daran interessiert sein, positive, verlässliche Beziehungsfähigkeit besonders durch die Ehe und in der Ehe, durch die Familie und in der Familie zu stützen, wie sie nur kann. Sie muss den

»Auch offene Türen brauchen ein festes Rahmenwerk.«

Schutz von Ehe und Familie garantieren, der immer mehr ausgehöhlt zu werden droht. Sie muss daran interessiert sein, mit vereinten Kräften viele Gedanken und Mittel dafür aufzuwenden, wie die selbstzerstörerische Kraft einer bindungslosen Gleichgültig-

keit im Beziehungsgeschehen der Menschen überwunden werden kann durch die Förderung einer
wirklichen Kultur des Vertrauens, einer Kultur des
Glaubens, der Hoffnung und vor allem der Liebe.

Paulus stimmt das Hohelied dieser Liebe im
13. Kapitel des Ersten Korintherbrief an:

> Wenn ich alle Glaubenskraft besäße und Berge
> damit versetzen könnte, hätte aber die Liebe nicht,
> wäre ich nichts. ... Die Liebe ist langmütig, die
> Liebe ist gütig. Sie ereifert sich nicht, sie prahlt
> nicht, sie bläht sich nicht auf. Sie handelt nicht
> ungehörig, sucht nicht ihren Vorteil, lässt sich nicht
> zum Zorn reizen, trägt das Böse nicht nach. Sie freut
> sich nicht über das Unrecht, sondern freut sich an
> der Wahrheit. Sie erträgt alles, glaubt alles, hofft
> alles, hält allem stand. Die Liebe hört niemals auf.

Auf den ersten Blick mögen uns diese Ansprüche total
überfordern. Und doch, wenn wir dieses Ziel solcher
Liebe nicht vor Augen haben, wenn wir nicht immer
wieder neu darum ringen und denen, die es nicht
schaffen, immer wieder zur Seite stehen, wenn wir
uns nicht gegenseitig stützen und nicht mehr wissen,
dass einer uns da immer schon vorausgegangen ist,
nämlich Jesus selbst, dann wird unsere Gesellschaft
an der eigenen Lieblosigkeit und – in diesem Sinn –
»Unkeuschheit«, das heißt an innerer Bewusstlosig-
keit zerbrechen.

Lassen wir uns von Jesus nach dieser Liebe fragen wie Petrus am Ende des Johannesevangeliums, wo er in drei Stufen in Frage gestellt wird: Liebst du mich mehr als diese? Liebst du mich überhaupt? Bist du mein Freund? (vgl. Joh 21). Andreas Knapp greift diese Fragen Jesu in einem Gedicht, ja in einem Gebet auf:[7]

Die Frage nach der Liebe

dreimal fragst du mich
das schmerzt
warum fragst du immer wieder
du weißt es doch

oder willst du es einfach hören
immer wieder hören
fragst du, damit ich es nie vergesse
und immer neu sagen lerne

ja dann frage mich
frag immer wieder
frag immer neu
ach höre nie auf zu fragen

Selig, wer dann, wenn auch oft stammelnd und leise, unvollkommen, zögerlich und drängend darauf antworten kann: »Herr, du weißt alles; du weißt auch, dass ich dich liebe.«

4. Kapitel
Invidia: Missgunst, Neid und Eifersucht

»WENN EIN GLIED GEEHRT WIRD, FREUEN SICH ALLE
ANDEREN MIT«

Wie der Leib eine Einheit ist, doch viele Glieder hat,
alle Glieder des Leibes aber, obgleich es viele sind, einen
einzigen Leib bilden: so ist es auch mit Christus. Durch
den einen Geist wurden wir in der Taufe alle in einen
einzigen Leib aufgenommen, Juden und Griechen,
Sklaven und Freie; und alle wurden wir mit dem einen
Geist getränkt. Auch der Leib besteht nicht nur aus
einem Glied, sondern aus vielen Gliedern. Wenn der
Fuß sagt: Ich bin keine Hand, ich gehöre nicht zum
Leib!, so gehört er doch zum Leib. Und wenn das Ohr
sagt: Ich bin kein Auge, ich gehöre nicht zum Leib!, so
gehört es doch zum Leib. Wenn der ganze Leib nur
Auge wäre, wo bliebe dann das Gehör? Wenn er nur
Gehör wäre, wo bliebe dann der Geruchssinn? Nun
aber hat Gott jedes einzelne Glied so in den Leib ein-
gefügt, wie es seiner Absicht entsprach. Wären alle
zusammen nur ein Glied, wo bliebe dann der Leib? So
aber gibt es viele Glieder und doch nur einen Leib. Das
Auge kann nicht zur Hand sagen: Ich bin nicht auf dich
angewiesen. Der Kopf kann nicht zu den Füßen sagen:
Ich brauche euch nicht. Im Gegenteil, gerade die

schwächer scheinenden Glieder des Leibes sind unent-
behrlich. Denen, die wir für weniger edel ansehen,
erweisen wir um so mehr Ehre, und unseren weniger
anständigen Gliedern begegnen wir mit mehr Anstand,
während die anständigen das nicht nötig haben. Gott
aber hat den Leib so zusammengefügt, dass er dem
geringsten Glied mehr Ehre zukommen ließ, damit im
Leib kein Zwiespalt entstehe, sondern alle Glieder
einträchtig füreinander sorgen. Wenn darum ein Glied
leidet, leiden alle Glieder mit; wenn ein Glied geehrt
wird, freuen sich alle anderen mit ihm. Ihr aber seid
der Leib Christi, und jeder Einzelne ist ein Glied an
ihm. So hat Gott in der Kirche die einen als Apostel
eingesetzt, die andern als Propheten, die dritten als
Lehrer; ferner verlieh er die Kraft, Wunder zu tun,
sodann die Gaben, Krankheiten zu heilen, zu helfen,
zu leiten, endlich die verschiedenen Arten von Zun-
genrede. Sind etwa alle Apostel, alle Propheten, alle
Lehrer? Haben alle die Kraft, Wunder zu tun?
Besitzen alle die Gabe, Krankheiten zu heilen? Reden
alle in Zungen? Können alle solches Reden auslegen?
Strebt aber nach den höheren Gnadengaben!

1 Kor 12,12–31a

Es ist überdeutlich, wie nah diese Wurzelsünde bei
den anderen liegt. Wer sich immer nur vergleicht
und immer das andere, das Bessere und Größere für
sich will, kann dem Mitmenschen seine Möglichkeiten, sein Können und seine Talente nicht gönnen.

Dem Sündenfall Adams und Evas – der Superbia, dem Hochmut, sein zu wollen wie Gott – folgt in der Bibel unmittelbar diese zweite Ursünde: der Neid, die Missgunst, das Nichtertragen der Entfaltung des anderen. Die Geschichte von Kain und Abel ist dafür das Urbild (Gen 4). Jede Stärke, jede Begabung, jede gute Beziehung des anderen wird als meine Schwäche und als Einschränkung meiner Möglichkeiten erlebt. Das Anderssein des anderen ist dann nicht mehr Bereicherung, sondern Bedrohung.

Kaum eine Versuchung nagt so am Innersten des Menschen. Sie zerstört jede Beziehung der Liebe, die ja gerade die Entfaltung des anderen will. Auch jede Beziehung zu Gott wird dadurch angenagt, dessen Größe den Menschen ja niemals kleinhält, dessen Größe die Schwäche des Menschen nicht braucht, sondern dessen Größe die Größe seines Ebenbildes erheben und fördern will. Bei Kain kommt es sogar zum Mord an Abel. Und Gott – der schon den Adam gefragt hatte: »Mensch, wo bist du?« – fragt nun den Kain: »Wo ist dein Bruder?« Wie Kain vorher zu viel auf seinen Bruder geschaut hat im Vergleich, so wendet sich in seiner Antwort das Blatt: »Bin ich denn der Hüter meines Bruders? Was habe ich damit zu tun?« Der falsche Blick auf ihn wird zum Nicht-Blick, zum Wegschauen.

In dem Gleichnis von den Tagelöhnern, die ein Gutsbesitzer von der Straße holt (Mt 20,1–16), erhalten die Arbeiter, die sich den ganzen Tag in glühender

Hitze im Weinberg abgerackert haben, den vereinbarten Lohn. Doch zur allgemeinen Überraschung bezahlt der Herr die Arbeiter der letzten Stunde in gleicher Höhe. Unter dem Gesichtspunkt der erbrachten Leistung erscheint das – ungeachtet der Vereinbarung, die ja eingehalten wird – als nicht gerecht. Aber nach der Logik der größeren Gerechtigkeit Gottes, dessen Gabe für den Menschen ohnehin das ›Alles‹ ist, offenbart es die Chance, die Gott auch dem Letzten noch gibt. »Oder bist du neidisch«, so fragt er, »weil ich gütig bin?« Sollen wir neidisch und missgünstig sein wegen der Gutheit Gottes, wegen seiner Vergebung und seiner Barmherzigkeit, die er anderen zukommen lässt?

Ähnliches kennen wir von Jona, der nach Ninive geschickt worden ist, um der Stadt Umkehr zu predigen. Als Gott dann wirklich barmherzig mit den Bewohnern umgeht, da fängt Jona an zu murren und will nicht mehr leben. Er gönnt den Menschen in Ninive nicht das Erbarmen und die Großzügigkeit Gottes (vgl. Jona 4).

Heimlich ist das durchaus manchmal die Versuchung der Frommen und der Pflichtbewussten, wenn sie sehen, dass Gott auch den Sündern und Heruntergekommenen eine neue Chance gibt. Wie Jesus ja deutlich sagt: »Nicht die Gesunden brauchen den Arzt, sondern die Kranken« (Mt 9,12). Oder wenn wir an den Pharisäer und den Zöllner denken, die im Tempel stehen: Der Pharisäer vergleicht sich mit dem

Zöllner und ist demnach immer der Bessere, weil er ja viel mehr einbringt und verdienstreich ist, während der Zöllner ganz zurückbleibt. Der vergleicht sich eigentlich nur mit dem so viel größeren Gott und dem, was er an Zuwendung erfahren hat. Er kommt als reuiger Sünder. Der Vergleich untereinander führt in die falsche Richtung. Messen wir uns aber an der Gnade unseres Gottes, dann werden wir selbst großzügig. Wer sich nicht mit anderen Menschen und ihrer jeweiligen Beziehung zu Gott vergleicht, sondern persönlich vor Gott tritt, weiß, aus welcher Barmherzigkeit und Liebe er selbst lebt. Wer sein Maß an Gott nimmt, braucht es nicht neidvoll am Menschen zu nehmen. Dann kann er jenseits von Neid und Missgunst selbstbewusst und ansehnlich sein.

Das Johannes-Evangelium schließt mit einer bezeichnenden Szene. Jesus hat Petrus gerade bis in die Tiefe herausgefordert: »Liebst du mich mehr als diese? Liebst du mich überhaupt?« Nach der Beteuerung seiner Liebe bekommt Petrus den Auftrag: »Weide meine Lämmer!«, aber auch die Zusage des Leidens in seiner so sehr beteuerten Liebe: »Wenn du alt geworden bist, wirst du deine Hände ausstrecken, und ein anderer wird dich gürten und dich führen, wohin du nicht willst« (Joh 21,18). Großes ist Petrus übertragen und verheißen, und er nimmt es auch an. Aber er muss doch noch eben wissen, was nun mit Johannes wird, dem Lieblingsjünger des Herrn: »Was wird denn mit ihm?« In ungewöhnlicher Härte antwortet Jesus: »Was geht das dich an? Du aber folge mir nach!« (Joh 21,22). – Bis in den engsten Kreis um Jesus reicht die Neigung zum Vergleich, so etwa auch bei den wiederholten Streitereien der Jünger, wer unter ihnen der Größte sei (Lk 9,46; 22,24; Mk 10,35 ff.). Es ist die Versuchung zum Neid, zur Missgunst, zur Eifersucht, die den Blick versperrt für die Chance, die Gott jedem Menschen gibt. Darum wird diese Grundversuchung auch »der falsche Blick« genannt.

Die Bibel kennt noch weitere von Neid und Eifersucht belastete Beziehungen, etwa die zwischen Saul und David: David, der Anerkanntere, der Tüchtigere, der Schönere. Saul kann es nicht ertragen (vgl. 1 Sam 18). Neidische und eifersüchtige Menschen beherrschen die Kunst des Unglücklichseins, weil sie, wenn erst einmal der Blick falsch ausgerichtet ist, alles unter diesem Aspekt betrachten: Der/die andere hat, kann, darf mehr als ich; ich bin immer benachteiligt. Wehleidigkeit und Wut, Ärger und Harm sind die Folge.

Interessanterweise wird der Neid oft dargestellt als eine Figur, von der man nur den Fuß sieht, weil das andere unsichtbar ist (*invidia* = Neid hängt mit *invisus* = ungesehen zusammen). Der Blick ist so getrübt, dass man das Wahre nicht mehr richtig sehen kann. Man ist blind für das Richtige. Und wenn eine liebende Beziehung davon erst ergriffen ist, mit Eifer zu suchen, wem der/die andere sich vermeintlich mehr zuwendet als mir selbst, bei wem sie sich mehr aufhält, sich mehr freut, dann ist schon vieles kaputt. – »Die Eifersucht ist eine Leidenschaft, die mit Eifer sucht, was Leiden schafft«, so ein geflügeltes Wort. Und es ist sehr schwer, diesen Blick wieder zu korrigieren.

Wir hatten schon gesehen, dass die Grundversuchungen im Mittelalter durch Tiere dargestellt wurden. Beim Neid ist es ein Hund, der einen Knochen im Maul hat, den er einem Artgenossen weggenommen hat oder mit dem er ihn neidisch machen will. Oder der Skorpion, dieses gefährliche Tier, oder die Fledermaus, das Nachttier, weil sich der Neid selten offen zeigt.

Ein wichtiges Mittel – jetzt gegen den Neid – ist wieder, sich des eigenen Wertes, der eigenen Fähigkeiten und Möglichkeiten, vor allem aber des eigenen Ansehens vor Gott neu zu vergewissern und mit sich selbst positiv und großherzig umzugehen. Der heilige Bernhard von Clairvaux hat uns ein Wort geschenkt, das er an seinen alten Freund Papst Eugen III. schrieb: »Gönne dich dir selbst!« Das heißt: Lass dir Zeiten der Freude und der Muße für dich selbst, genieße die Momente der Aus- und Entspannung, der Selbstfindung und der neuen Verwurzelung in dir und in Gott. Sonst wirst du ungenießbar und gönnst auch den anderen Menschen nicht mehr ihr Leben und ihre Entfaltung. Wer sich sich selbst nicht gönnt, gönnt dies auch anderen nicht. Wer es den anderen aber nicht gönnt, wer sie nicht mag, verliert sich selbst und mag sich selbst nicht mehr – und erst recht nicht Gott, der uns zwar eifersüchtig liebt, der aber für uns nichts mehr will als das Leben in Fülle (Joh 10,10).

Und vergessen wir nicht: Das sogenannte Doppelgebot der Gottes- und Nächstenliebe ist genau besehen ein Dreiklang:

> **»Wer sich selbst nicht hat, kann sich auch nicht geben.«**

»Du sollst den Herrn, deinen Gott, lieben ... Du sollst deinen Nächsten lieben – wie dich selbst« (Mt 22,37 ff.). Gottesliebe, Nächstenliebe, Selbstliebe gehören im Innersten zusammen. Wer sich selbst nicht hat, kann sich auch nicht geben. Der damalige Professor Joseph Ratzinger hat dazu einmal geschrieben:

Wer heute mit wachen Augen sich selbst und die anderen betrachtet, wird bald bemerken, dass die Stellung zum Ich weithin ihre selbstverständliche Unkompliziertheit eingebüßt hat. Über einen Menschen, der allzeit missmutig und unleidig ist, sagt der Volksmund: Er mag sich selber nicht. Und wirklich ist die Uneinigkeit mit sich selbst häufig der tiefste Grund der Uneinigkeit mit dem Du. Egoismus ist etwas ganz anderes als Annahme seiner selbst, als wahre Selbstliebe, die zugleich Offenheit zur Nächstenliebe werden kann. ... Der tiefste Kern seelischer Erkrankung, so sagt uns die Erfahrung vieler Psychiater, ist das Scheitern der Annahme seiner selbst, der Konflikt mit dieser mir vorgegebenen Kreatur meines Ichs. Und diese Uneinheit sperrt den Weg zum Du. ...

Beides greift wohl ganz eng ineinander: Erst das Angenommensein vom Du ermöglicht das Ja zum Ich; erst das Einssein mit dem Ich öffnet den Weg zum Du. Selbst- und Nächstenliebe sind unlösbar ineinander verschränkt.

So könnte uns das Gebot, den Nächsten zu lieben ›wie dich selbst‹ heute zu einer Lektion über die rechte Annahme seiner selbst werden, ohne die wir auch den Nächsten nicht wahrhaft zu bejahen vermögen. Letztlich vollzieht sich in der Selbstannahme Annahme des Schöpfers: Dieses Ich mit all seinen Grenzen und Mühsalen ist ein Stück Schöpfung. ... Der Glaube an den Schöpfer ist die innerste Ermöglichung für jede Art von Liebe. Vom Schöpfer her kommt jenes Ja, das Ich und Du vereint.[8]

Die einzige positive Eifersucht ist die Liebe des eifersüchtigen Gottes (vgl. Ex 20,5), die warmherzig über den geliebten Menschen wacht, damit er nicht abdriftet in die Knechtschaft anderer Götter oder sich zurücksehnt in die vermeintliche Freiheit der Fleischtöpfe Ägyptens (vgl. Ex 16,3). Wer von Gottes Eifersucht und Gottes Zorn spricht, meint eigentlich die glühende Seite seiner großen Liebe.

In unseren Gemeinden und unserer Kirche scheint die Grundversuchung Neid besonders gut zu gedeihen. Man spricht gar von der *invidia clericalis*, dem klerikalen Neid, der sich wohl nicht auf die Priester beschränkt, sondern durchaus auch andere geistliche und kirchliche Personen und Dienste ergreifen kann. Die Verbindung einer hierarchischen Ordnung mit der Wirklichkeit einer Gemeinschaft aller als Schwestern und Brüder gerät immer wieder in Spannung, und der Gedanke, dass Gott sich uns allen auf je eigene Weise, aber doch in voller Liebe zuneigt, ist menschlich für so manchen nur schwer realisierbar.

Wie überlebensnotwendig ist es gerade heute in den größeren pastoralen Einheiten, dass das Zusammenspiel der verschiedenen Dienste, Gaben und Talente, der Ämter und Charismen, der Gaben von Männern und Frauen, Alten und Jungen, Priestern und Laien zum gemeinsamen Aufbau der Gemeinde gut gelingt und nicht durch Kleinkariertheit, Neid und Eifersucht, Abgrenzung, autoritäres Verhalten oder Duckmäusertum erschwert oder gar zerstört wird! Wie viele Pfarreiengemeinschaften und Seelsorgeeinheiten finden so mühsam ihren Weg, weil Gemeinden sich gegenseitig nichts gönnen, weil die Dienste sich gegenseitig eher als Bedrohung denn als Bereicherung empfinden und subtile Machtspiele aus Neid, Missgunst und Eifersucht die pastorale Entwicklung verhindern.

Paulus hat mit seiner Rede vom Leib Christi ein großartiges Bild für Einheit und Verschiedenheit gewählt, in dem alle Glieder des Leibes Christi ihren positiven Platz haben und sich beseelt vom Geist Gottes einbringen. Beseelt von diesem Geist, der der Garant der Verschiedenheit und der Einheit zugleich ist, der Garant der verschwenderischen und unberechenbaren Liebe Gottes, das absolute Gegenbild und Gegenmittel gegen kleinkarierte, krankhafte Vergleichsakrobatik. »Wenn ein Glied geehrt wird, freuen sich alle mit«, sagt Paulus.

Freilich müssen wir in der Kirche auch Wertschätzungs- und Anerkennungsstrukturen haben, Entfaltungsmöglichkeiten für viele, die dem Neid und der Missgunst den Boden entziehen aus dem Grundgedanken paulinischer Erfahrung: »Ihr alle seid ›einer‹ in Christus Jesus« (Gal 3,28; vgl. 1 Kor 12,12 f.).

Auch unsere Gesellschaft schürt oder begünstigt freilich oft kollektive Neid- und Missgunstgefühle, wenn die Schere zwischen Arm und Reich sich immer weiter öffnet, wenn Menschen in hoher sozialer Ungerechtigkeit an den Gütern unverhältnismäßig verschiedenen Anteil erhalten. Es kann nicht sein, dass die einen das Hundert- und Tausendfache und noch mehr verdienen als die anderen, obwohl auch sie nur 24 Stunden am Tag für ihren Einsatz zur Verfügung haben und bei noch so hoher Verantwortung doch auch menschlich begrenzt sind wie alle anderen auch. Das hat dann nichts mehr mit Lohn für Leistungen, Verantwortung und Kompetenzen zu tun, sondern ist ein höchst unsozialer Markt mit dem sogenannten »Humankapital«, was in sich schon ein Unwort ist, weil es Menschen quasi zu Ware macht.

Auch hier – in Kirche und Gesellschaft – trifft zu, was, wie wir sahen, im persönlichen Bereich gilt: Wenn der Blick auf die Wirklichkeit erst einmal verdorben ist durch zu enttäuschende Ungerechtigkeit und Unverhältnismäßigkeit, dann wird das Vertrauen in die Wirklichkeit und in das Miteinander der Menschen oft so tief erschüttert, dass wirklich positives soziales Denken und der Aufbau einer Sozialkultur nur ganz schwer gelingen. In den Krisen dieser Jahre wird überdeutlich, wie viel Vertrauen in sich selbst und in die anderen – vor allem in »die da oben« – zerstört worden ist, was ja auch zur Politikverdrossenheit und zu sehr niedrigen Wahlbeteiligungen führt. Auch in unserer Kirche ist viel Vertrauen verloren gegangen. Dabei ist das Vertrauen in die Grundstruktur unserer Kirche, in die Grundstruktur unseres Glaubens, in die Grundstruktur der anderen Menschen in der Gemeinde so unendlich wichtig für unseren Weg.

Wir sehen, was sich im Kleinen wie im Großen aus dieser Grundversuchung des Neides, der Missgunst, der Eifersucht alles zusammenbrauen kann. Seien wir auf der Hut, wenn sich dieser Stachel in uns regt. Nur der Blick auf die Großherzigkeit Gottes – bis hin zur Öffnung des Herzens Jesu am Kreuz – kann uns letztlich davor bewahren, ihm nachzugeben und zu erliegen.

5. Kapitel
Gula: Unmäßigkeit und Völlerei

»WERDET NÜCHTERN, WIE ES SICH GEHÖRT, UND
SÜNDIGT NICHT«

*Wenn Tote gar nicht auferweckt werden, warum lässt
man sich dann taufen für sie? Warum setzen dann
auch wir uns stündlich der Gefahr aus? Täglich sehe
ich dem Tod ins Auge, so wahr ihr, Brüder, mein
Ruhm seid, den ich in Christus Jesus, unserem Herrn,
empfangen habe. Was habe ich dann davon, dass ich in
Ephesus, wie man so sagt, mit wilden Tieren gekämpft
habe? Wenn Tote nicht auferweckt werden, dann lasst
uns essen und trinken; denn morgen sind wir tot. Lasst
euch nicht irreführen! Schlechter Umgang verdirbt
gute Sitten. Werdet nüchtern, wie es sich gehört, und
sündigt nicht! Einige Leute wissen nichts von Gott; ich
sage das, damit ihr euch schämt.* 1 Kor 15,29b–34

Unmaß bezieht sich gerade heute häufig auf Konsum,
speziell auf Essen und Trinken, auf eine überzogene
körperliche Bedürfnisbefriedigung. Diese ist aber oft
Ausdruck einer Sehnsucht nach Anerkennung, nach
Angenommensein, nach Bejahung und Wertschätzung, nach sinnvollem Leben. Die Botschaften der
Produktwerbung zielen zumeist darauf, Menschen

von Angeboten zu überzeugen, die angeblich den Hunger und Durst nach Mehr stillen. So ist die Versuchung des Unmaßes in einer so bunten und komplexen Konsumwelt besonders groß, zumal weite Teile der Gesellschaft sich Zukunft nur als stetiges Wachstum vorstellen können.

Diese unaufhörliche Suche nach dem Eigentlichen führt bei den einen zu einem Unmaß an Aktivismus bis hin zum Workaholismus, bei anderen zur Dauerberieselung durch die Buntheit der Angebote oder zu krankhafter Lethargie, weil niemand den Herausforderungen und Möglichkeiten gerecht werden kann, die sich ihm bieten.

Ob in der Arbeit, im Sport, im Umgang mit den Medien oder in vielen anderen Lebensbereichen: Allzu vieles wird zu einem Druck, zum Übermaß, um in dieser Gesellschaft mithalten zu können – im dauernden Vergleich mit den vermeintlich größeren Lebensmöglichkeiten der anderen. Aggression in diesem Wettlauf und Depression in diesem Dauervergleich sind Folgen einer Maßlosigkeit, für die Völlerei oder Verschwendung nur äußere Zeichen sind.

Selbst Pfarrgemeinden und Bistümer können sich verlieren in Aktivismus, in ein Überangebot an Möglichkeiten, in einen Mega-Aktions-Kalender, in dem sich diejenigen nur noch schwer zurechtfinden, die nach Stille, Sammlung, Vertiefung und persönlicher Begleitung suchen. »Weniger ist mehr« kann durchaus eine Orientierung geben hin zu Papier- und

Sitzungsfasten, zu einer sinnvollen Suche nach dem Wesentlichen. Es geht dabei weniger um die Reduktion der Buntheit dessen, was in Gemeinde geschieht, als vielmehr um den Roten Faden, der alles durchzieht und aufeinander bezieht. Hinter diesen Erfahrungen steht die alte Weisheit, dass jeder Wert, jede positive Neigung, ja sogar jede Tugend zu Unwert, Untat und Untugend mutiert, wenn sie übertrieben werden, wenn das Augenmaß nicht mehr stimmt, wenn Nüchternheit und Vernunft nicht mehr mitspielen, wenn an die Stelle des Maßes Maßlosigkeit tritt.

Das rechte Maß hat nichts mit Mittelmaß, schon gar nicht mit Mittelmäßigkeit zu tun. Es hält sich an das, was vernünftig und sinnvoll ist. Wenn Jesus im Vaterunser betet: »Unser tägliches Brot gib uns heute«, will er uns davor bewahren, unmäßige Ansprüche zu stellen an das, was wir jeden Tag benötigen, unmäßig vorzusorgen für vermeintlich alle Fälle oder unmäßig und verschwenderisch zu sein angesichts der vielen Menschen, die nicht einmal das Lebensnotwendige haben (vgl. die Geschichte vom reichen Prasser und dem armen Lazarus in Lk 16,19–31). Dass Jesus damit nicht kleinkariertes Mittelmaß meint, zeigt er bei der Brotvermehrung (Lk 9,10–17) und dem Wein-Wunder zu Kana (Joh 2,1–12): Wenn Gott gibt, ist es immer mehr als genug, ist es immer ein Überfluss (600 Liter Wein hier, satt Brot für alle und zwölf Körbe voll, die übrig bleiben, dort). Auf die Frage: »Warum so viel?« antwortet der Kirchenvater Hieronymus: »Wir leben noch heute davon!«

Gottes Übermaß ist das Übermaß der Liebe. Liebe ist das Einzige, was Unmaß verträgt. Nicht die egoistische Liebe, sondern die Liebe zum Größeren, die Liebe zum anderen, die Liebe, die sich ganz gibt, weil sie sich selbst hat, die Liebe, wie das Hauptgebot sie benennt: »Du sollst den Herrn, deinen Gott, lieben mit ganzem Herzen und mit ganzer Seele, mit all deinen Kräften und all deinen Gedanken, und deinen Nächsten sollst du lieben wie dich selbst« (Lk 10,27). Gottesliebe – Nächstenliebe – Selbstliebe ist die dreieinige Liebe, die ihr Maß nimmt an der dreieinigen Liebe Gottes. »Liebt einander, wie ich euch geliebt habe« (Joh 15,12). Dieses ›wie‹ gibt das Maß der Liebe an: Orientierung an Gott selbst, wie Gott sich dann an unserer Liebe orientiert, wenn wir ihm endgültig begegnen (vgl. Mt 5).

»Liebe ist das Einzige, was Unmaß verträgt.«

Vor diesem Hintergrund ist Gula eine Unmäßigkeit nicht in der Hingabe, sondern in der Sucht, nichts im Leben verpassen zu wollen: »Lasst uns fressen und saufen, denn morgen sind wir tot«, beschreibt Paulus diese Haltung (vgl. 1 Kor 15,32). Wer kein größeres Leben, kein Leben nach dem Tod mehr erwartet, muss alles in seiner kurzen, riskanten Lebensspanne des Jetzt erlebt haben. Deshalb wird er unmäßig in seinen Ansprüchen, in seinem Lebensstil, in seiner Gier nach Steigerung, nach dem letzten Kick und dem letzten Schrei, nach der letzten Unsinnigkeit. Die auseinandergehende Schere zwischen Arm und Reich in der Welt begünstigt den Verlust des Augenmaßes bei den Wohlhabenden, die soziale Verpflichtung ihres Habens und Wollens zu sehen. Sie verlieren mehr und mehr die Maßstäbe dafür, was wirklich wichtig und lebensnotwendig ist und was überflüssig oder gar zerstörerisch ist – für sie selbst, aber auch für viele andere, mit denen geteilt werden könnte.

Nicht von ungefähr nennt Jesus neben dem Beten und Almosengeben (Teilen) auch das Fasten als eine Kernübung des Christlichen. Denn Fasten ist die Überprüfung der eigenen Lebensmaßstäbe bis in den konkreten Alltag. Es bedeutet, sich wieder festzumachen an Gott und an den Realitäten des Lebens und nicht auszubrechen in eine Welt von Luxus, die mehr unfrei macht, als dass sie befreit. Unsere Wohlstandsgesellschaft mit den tausenden von Angeboten auf dem Markt der Möglichkeiten verwirrt auf Dauer mehr, als dass sie hilft. Eine Erhöhung des Lebensstandards für alle Menschen ist positiv und hilft leben. Eine Überentwicklung der Möglichkeiten, die dann auch nicht mehr allen zugänglich sind, macht krank; die einen, weil sie davon zu viel bekommen, und die anderen, weil sie davon nicht ausreichend bekommen. Unmäßigkeit widerspricht der Gerechtigkeit und zerstört jeden Frieden im Kleinen wie im Großen. Die sinnvolle und gute Suche nach Mehr wird pervertiert in eine Sucht nach dem Immer-Mehr. Wo Suche zur Sucht wird, wird Maß zu Unmaß, wird Freiheit zu Unfreiheit und Leben zu Gelebt-Werden.

6. Kapitel
Ira: Zorn und Hass

»SOWEIT ES EUCH MÖGLICH IST, HALTET MIT ALLEN
MENSCHEN FRIEDEN«

*Eure Liebe sei ohne Heuchelei. Verabscheut das Böse,
haltet fest am Guten! Seid einander in brüderlicher
Liebe zugetan, übertrefft euch in gegenseitiger
Achtung! Lasst nicht nach in eurem Eifer, lasst euch
vom Geist entflammen und dient dem Herrn! Seid
fröhlich in der Hoffnung, geduldig in der Bedrängnis,
beharrlich im Gebet! Helft den Heiligen, wenn sie in
Not sind; gewährt jederzeit Gastfreundschaft! Segnet
eure Verfolger; segnet sie, verflucht sie nicht! Freut
euch mit den Fröhlichen und weint mit den Weinenden!
Seid untereinander eines Sinnes; strebt nicht hoch
hinaus, sondern bleibt demütig! Haltet euch nicht selbst
für weise! Vergeltet niemand Böses mit Bösem! Seid
allen Menschen gegenüber auf Gutes bedacht! Soweit
es euch möglich ist, haltet mit allen Menschen Frieden!
Rächt euch nicht selber, liebe Brüder, sondern lasst
Raum für den Zorn (Gottes); denn in der Schrift steht:
Mein ist die Rache, ich werde vergelten, spricht der
Herr. Vielmehr: Wenn dein Feind Hunger hat, gib
ihm zu essen, wenn er Durst hat, gib ihm zu trinken;
tust du das, dann sammelst du glühende Kohlen auf sein*

Haupt. Lass dich nicht vom Bösen besiegen, sondern besiege das Böse durch das Gute!   Röm 12,9–21

In unserem Innern bäumt sich etwas auf, wir ballen die Faust in der Tasche, möchten überschäumen vor Wut und Entrüstung. Es entwickelt sich ein Zornesausbruch mit unerwarteter Explosionskraft, oder er wird aufgestaut und bahnt sich seinen Weg durch andere Ventile.

Solche Erfahrungen bleiben keinem von uns erspart, auch nicht dem Frömmsten. Diese innere Erhitzung, durch die wir uns zum Kochen bringen lassen, ist Zorn, Ira. Das deutsche Wort »Zorn« kommt von »zerren«, hin- und hergerissen werden. Und das lateinische »ira« hat mit »uns aufbringen, uns in Bewegung setzen lassen« zu tun.

Auch der Zorn kann zunächst eine positive Antriebskraft sein, ein starkes Motiv zu Veränderung, zu Einsatz, zu Aufbruch. Ich kann geradezu heiligen Zorn entwickeln über schreiendes Unrecht, über Lüge und Unordnung, dort, wo Menschen gequält und drangsaliert, gefoltert und ausgestoßen werden, wo die soziale Ungerechtigkeit wächst oder Gott nur noch zum Popanz der eigenen Machtgelüste gemacht wird.

Die Bibel beschreibt den Zorn Gottes über sein halsstarriges und widerborstiges Volk, das seine Zuwendung missversteht und sich um ihn als Herrn des Lebens herummogelt, um selbst die Dinge in der

Hand zu behalten; sein auserwähltes Volk, das murrt und alles besser weiß und alles andere zu ›Gott‹ und zu Götzen macht als ihn, den lebendigen Gott. Die Bibel kennt den Zorn Jesu gegen die Pharisäer und Schriftgelehrten, wenn sie ihm vorwerfen, dass er am Sabbat heilt (Mk 3,1–6). Jesus gerät in Harnisch, wo das Haus seines Vaters zu einer Markthalle gemacht wird, weil der Handel wichtiger wird als der Tempel als Ort der Gegenwart Gottes (Joh 2,13–22) – eine Versuchung bis heute.

Dieser ›heilige‹ Zorn ist die Kehrseite der ›eifersüchtigen‹ Liebe Gottes für sein Volk. Dieser Zorn ist die Kehrseite seiner glühenden Liebe, die für den anderen das Beste will, aber ihn ins Verderben laufen sieht. Dieser Zorn ist geboren aus dem Schmerz über den Missbrauch der Freiheit. Gerade weil einem ein Mensch oder eine Sache nicht gleichgültig ist, weil einem daran liegt, kommt Zorn auf, wenn man ohnmächtig zusehen muss, dass etwas misslingt. Wenn von Gott, von Jesus solch menschliche Regung ausgesprochen wird, ist das ein Zeichen glühender Liebe, nicht negativen Zorns, wie der Prophet Hosea deutlich macht: »Ich will meinen glühenden Zorn nicht vollstrecken … Denn ich bin Gott, nicht Mensch, der Heilige in deiner Mitte. Darum komme ich nicht in der Hitze des Zorns« (Hos 11,9).

Es ist diese Hitze, die den Zorn zur Wurzelsünde macht, zur Wurzel für Entfremdung, Feindseligkeit und Hass, für Terror und Krieg im Kleinen und im Großen. In der Bildenden Kunst des Mittelalters stehen dafür die Symbole Fackel und Feuer oder Bär, das Wildschwein, der Igel mit seinen Stacheln und der Hund, der urplötzlich zubeißt. Das Herz wird dann zur ›Mördergrube‹, lässt zwar den Mord nicht unbedingt als Handlung geschehen, wünscht sich aber für den anderen die schlimmsten Dinge, nicht selten in vernichtenden Flüchen. Der Mensch fängt an, abzurechnen mit dem anderen, der dann am Ende »für mich gestorben« ist. Auch hier weiß Jesus, wie tief die Versuchung zu Hass und Zorn im Herzen des Menschen liegt und wie sehr wir aufpassen müssen, dass wir uns davon nicht treiben lassen: »Ihr habt gehört, dass den Alten gesagt worden ist: Du sollst nicht töten ... Ich aber sage euch: Jeder, der seinem Bruder auch nur zürnt, soll dem Gericht verfallen sein« (Mt 5,21 f.).

Die Leidenschaft für einen Menschen oder für eine Sache ist eine positive Antriebskraft. Sie wird aber pervertiert in Hassliebe oder in Fanatismus durch einen Zorn, der jegliche Kontrolle über sich selbst verliert. Wir sprechen dann auch von ›Jähzorn‹. Schnell aufbrechender oder auch angestauter Zorn sind Keimzellen unberechenbarer Handlungen. Und wir staunen nicht selten, dass auch äußerlich brave Menschen umschlagen und sie vollziehen können.

Es gibt die brennende Leidenschaft für eine Sache, es gibt »burning persons« für Gott, für die Kirche, für das Leben, für die Familie ... Glühende Menschen, die wir uns in der Fadheit, Gleichgültigkeit, Mittelmäßigkeit und lähmenden Langeweile heute oft so sehr herbeiwünschen und ohne die weder Kirche noch Gesellschaft leben können. Jeder sucht nach »burning persons« in einer Zeit und Umgebung, die eher das Burnout-Syndrom kennt, das Ausgebranntsein, die Leere, das Durchdrehen angesichts der Menge an Erwartungen und Wünschen.

Hier aber geht es um ein negatives Brennen in Fanatismus, Jähzorn, Ungeduld, verletztem Stolz, Neid und Missgunst. Natürlich möchte Gott eindeutige Menschen, die sich nicht in Lauheit durchs Leben wursteln. »Wärest du doch kalt oder heiß! Weil du aber lau bist, weder heiß noch kalt, will ich dich aus meinem Mund ausspeien«, spricht der Auferstandene in der Offenbarung zu der Gemeinde von Laodizea (Offb 3,15 f.). Die Glut von Zorn und Hass – oft unterschwellig wie Lava unter einer Schale von Coolness oder Härte – dagegen ist gefährlich, weil sie zu unerwarteten Eruptionen führen oder die Beziehungen und das Miteinander unterschwellig zerstören.

Was für den Einzelnen und seine persönlichen Beziehungen gilt, gilt auch für die Gemeinde und die Kirche: Wo es klare Dialogstrukturen gibt, in denen die Probleme ausgesprochen und benannt werden können in konstruktiver, angstfreier Kritik, wo Menschen empfindsam füreinander bleiben in der Sensibilität eines Herzens aus Fleisch und nicht aus Stein (vgl. Ez 11,19), wo sie nicht immer nur empfindlich reagieren, weil sie sich in ihren festgefahrenen Vorstellungen von sich selbst und der Wirklichkeit angestochen fühlen, da können die Kräfte eines positiven Feuers wirken: des Feuers des Heiligen Geistes, das zur Unterscheidung der Geister und zu Entschiedenheit ohne Fanatismus, Zorn oder gar Hass führt. Wir sollen empfindsam sein füreinander und nicht empfindlich.

»Wir sollen empfindsam sein füreinander und nicht empfindlich.«

In unguter Weise zornig werden wird eigentlich nur der, der sich seiner selbst unsicher ist. Manch einer will seine Schwäche übertünchen durch lautstarkes Auftreten oder Imponiergehabe. Echte Autorität in der Kirche und echtes, selbstbewusstes Christsein aus Taufe und Firmung stärken sich gegenseitig – sicher auch zuweilen durch gegenseitige Herausforderung – und bringen sich auf diese Weise motiviert und zukunftsgerichtet ein.

Ebenso braucht eine Gesellschaft immer wieder Orte des Ausgleichs und des fairen Ringens, eine Kultur des Dialogs und der gegenseitigen Wertschätzung. Sie braucht eine Politik, die sich über Ungerechtigkeit und Machtmissbrauch aufregt, aber die Sache von den Personen unterscheiden kann. Das ist wichtig für die Form des Umgangs miteinander in Politik und Gesellschaft, wo es nicht darum gehen kann, die jeweils

anderen vor dem Tribunal der Öffentlichkeit bloßzu-
stellen – am besten bis unter die Gürtellinie. Vielmehr
muss es um die herausfordernde Kraft gehen, Entwicklungen kritisch und wach zu beobachten, dar-
zustellen und gegebenenfalls zu entlarven – aber letztlich immer die Wahrheit in Liebe zu suchen.

Gerade angesichts der schweren Gewalttaten in
der Gesellschaft ist diese Wachsamkeit gegenüber jeder Form von Gewalt im Kleinen wie im Großen besonders notwendig. Es darf doch niemanden wundern, dass der ständige Umgang mit Bildern und
›Spielen‹, in denen jeder Zorn, jede Wut, jede nega-
tive Regung breit ausgelebt wird, gerade junge Menschen innerlich verändert, und seien es nur die labile-
ren. Es kann doch für den Seelenhaushalt des
Menschen nicht förderlich sein, sich ständig mit Bru-
talitäten zu befassen und sie zum Nervenkitzel zu
machen. Ganze Industrien leben heute davon. Die
Gelder wären wohl für eine nachhaltige Friedens-
arbeit wesentlich sinnvoller eingesetzt. Immer wieder
muss es uns allen darum gehen, durch eine positive
Sozialkultur die aggressiven Kräfte in uns umzuwandeln in konstruktive Kräfte und die Menschen ihren
Niedergeschlagenheiten zu entreißen, sie aufzubauen
und zum Leben zu ermutigen. Wir hören ständig von
der Arbeitslosigkeit, wo jungen Menschen die
Perspektiven genommen sind, wo sie nicht mehr das
Gefühl haben, gebraucht zu sein, wo sie Wertschätzung nicht mehr erfahren. Da entwickelt sich unter-

schwellig etwas Gefährliches, das sich seine Ventile sucht.

Der Apostel Paulus hat im Römerbrief, in seinem »Vermächtnis«, einige Regeln für die Gemeinde und für das Gemeinwesen benannt, die als Merksätze, wie Kurzbotschaften (SMS) eines christlichen, ja menschlichen Miteinanders gelten können (Röm 12,9–21):

Liebt ohne Heuchelei und Doppelbödigkeit;
– achtet euch gegenseitig;
– dient in Eifer und Leidenschaft Gott und den Menschen:
     »Seid fröhlich in der Hoffnung,
     geduldig in der Bedrängnis,
     beharrlich im Gebet«;
– verflucht nicht eure Widersacher und Gegner, sondern segnet sie;
– freut euch mit den Fröhlichen und weint mit den Weinenden: Compassio – Mitfreude/Mitleid;
– bleibt auf dem Teppich; seid nicht hochmütig, sondern demütig;
– überschätzt euch nicht, bleibt selbstkritisch;
– strebt nicht nach Vergeltung;
– haltet mit allen Menschen Frieden – Paulus ist sehr realistisch: »soweit es euch möglich ist«;
– übt keine Rache, sondern »lasst Raum für den Zorn Gottes«, das heißt: überlasst Gott die Bewertung und die Vergeltung, denn er ist in sich gerecht und barmherzig;

- schafft besser ein Übergewicht an Gutem als ein Übergewicht an Bösem;
- lasst euch nicht vom Bösen besiegen, sondern besiegt das Böse durch das Gute.

Beim Handy kann man SMS-Botschaften löschen oder speichern. Allemal besser ist es, sie zu bearbeiten, zu antworten und so auf Sendung mit Gott und den Mitmenschen zu bleiben. Es sind eindringliche, einfache Botschaften für den Alltag, die geeignet sind für die persönliche, gemeindliche und gesellschaftliche Gewissenserforschung.

Auch im Epheserbrief gibt Paulus ein wichtiges Heil-Mittel gegen den negativen Zorn an: »Lasst euch durch den Zorn nicht zur Sünde hinreißen. Gebt dem Teufel keinen Raum. Die Sonne soll über eurem Zorn nicht untergehen« (Eph 4,26 f.). Die Kirche hat diese Anweisung hineingenommen in ihr Nachtgebet, die Komplet, wohl wissend, wie wichtig es ist, über den ersten Zorn, die erste Hitze hinwegzukommen, um am neuen Tag vernünftige Schritte der Auseinandersetzung und der Versöhnung zu gehen.

Ignatius von Loyola gibt in seinen großen Exerzitien, in der Einübung in ein tieferes Leben mit Gott, Hilfen dazu, in eine Gelassenheit und Ausgeglichenheit zu gelangen, vor allem vor wichtigen Entscheidungen: »Darum ist es notwendig, uns allen geschaffenen Dingen gegenüber gleichmütig *(indifferentes)* zu machen ... dergestalt, dass wir von unserer Seite Gesundheit nicht mehr als Krankheit begehren, Reichtum nicht mehr als Armut, Ehre nicht mehr als Ehrlosigkeit, langes Leben nicht mehr als kurzes, und dementsprechend in allen übrigen Dingen, einzig das ersehnend und erwählend, was uns jeweils mehr zu dem Ziele hinführt, zu dem wir geschaffen sind.«[9]

Nur »sine ira et studio« (ohne Zorn und ohne Eifer) sind wir frei genug, den Willen Gottes zu erkennen und nicht unsere eigene Leidenschaft für diesen zu halten. Zorn macht blind für ein abgewogenes, differenziertes Urteil. Deshalb bleibt es eine der wichtigsten Einübungen, die Balance und Identität des eigenen Selbst zu finden im Angesicht eines Gottes, dessen Leidenschaft für den Menschen nicht aufhört, der ihn immer neu sucht, auch dort, wo der Mensch ihn längst abgeschrieben hat.

Und eine weitere wichtige Arznei für die Wurzelbehandlung der Grundversuchung des Zornes und des Hasses wie aller Grundversuchungen sind die Gaben des Heiligen Geistes. Wir müssen uns immer wieder in sie einüben, um unsere Firmung, unsere Geistbegabung zu erneuern: in die Gabe der Weisheit, zu unterscheiden zwischen wichtig und unwichtig, richtig und falsch; in die Gabe der Einsicht, ein Auge zu haben für die wesentlichen Dinge; in die Gabe des Rates, des Ratannehmens und des Ratgebens, und miteinander die je eigenen Fähigkeiten zu teilen; in die Gabe der Erkenntnis, den Verstand einzusetzen, sich nicht nur von Lust und Laune treiben zu lassen;

in die Gabe der Stärke und der Treue, eben nicht der Gewalt; in die Gabe der Frömmigkeit, den Faden zu Gott nicht abreißen zu lassen und vor Gott und mit ihm zu leben; und in die Gabe der Gottesfurcht, die Gelassenheit ist, weil Gott der Größere ist, der mich trägt und hält.

So können wir frei und zu »burning persons« werden. Davon sprach auch der Jesuitenpater Alfred Delp, als er sich die Frage stellte: »Heute, in dieser Stunde, Kirche, bist du lebendig oder bist du am Ende? Bist du fertig oder feierst du neue Anfänge?« Seine Antwort beginnt mit einer anderen, aber entscheidenden Frage:

Sind wir noch glühende Menschen? Ist noch irgendeine Leidenschaft in unserer Seele, für die man sich selbst einsetzt? Oder ist das alles so nüchtern und dürftig und schön geordnet, dass es kein Herz mehr entzündet? Der glühende Mensch! nicht der Fanatiker! Der glühende Mensch, dem man anspürt, dass er aus tausend Weihungen kommt, der an Dinge gerührt hat, die nicht auf der Straße liegen: Das ist der Mensch, auf den Kirche gebaut hat.

So heißt die Antwort auf die Frage: Kirche, wirst du leben oder sterben? so: Die Kirche wird leben, wenn wir wieder vor den Herrgott hingeraten und von ihm angerührt und erfüllt sind, so dass wir bereit sind, für ihn zu sterben. Aus dem Tod zum

Leben kommen, das soll unser Geheimnis sein. Wenn uns diese große Bereitschaft nicht gelingt, wenn wir den Raum für den Herrgott nicht mehr erobern, dann hilft uns nichts mehr. Die Grundfrage ist: Ob wir noch einmal groß genug sind, das, was mit Kirche gemeint ist, zu leisten.

Kirche wird leben, wenn wir unseren Herrgott wieder einmal gern haben, so persönlich gern haben, dass wir bereit sind, für ihn zu sterben (das Leben einzusetzen).[10]

Kirche wird leben, ja ich sage: Jeder Mensch, jede Gesellschaft und jedes Gemeinwesen wird nur leben, wenn sie sich einem Größeren verpflichtet wissen, wenn sie um Grund und Ziel des Lebens wissen. Für uns ist das Gott, den wir persönlich gern haben, lieben, für den wir das Leben einsetzen, weil er nicht der zornige Tyrann ist, sondern der, der selbst die Liebe ist. »Und wer in der Liebe bleibt, bleibt in Gott und Gott in ihm« (1 Joh 4,16).

7. Kapitel

Acedia: Trägheit und Unlust

*Doch was mir damals ein Gewinn war, das habe ich um
Christi Willen als Verlust erkannt. Ja noch mehr: ich
sehe alles als Verlust an, weil die Erkenntnis Christi
Jesu, meines Herrn, alles übertrifft. Seinetwegen habe
ich alles aufgegeben und halte es für Unrat, um
Christus zu gewinnen und in ihm zu sein. Nicht meine
eigene Gerechtigkeit suche ich, die aus dem Gesetz
hervorgeht, sondern jene, die durch den Glauben an
Christus kommt, die Gerechtigkeit, die Gott aufgrund
des Glaubens schenkt. Christus will ich erkennen und
die Macht seiner Auferstehung und die Gemeinschaft
mit seinen Leiden; sein Tod soll mich prägen. So hoffe
ich, auch zur Auferstehung von den Toten zu gelangen.
Nicht dass ich es schon erreicht hätte oder dass ich schon
vollendet wäre. Aber ich strebe danach, es zu ergreifen,
weil auch ich von Christus Jesus ergriffen worden bin.
Brüder, ich bilde mir nicht ein, dass ich es schon
ergriffen hätte. Eines aber tue ich: Ich vergesse, was
hinter mir liegt, und strecke mich nach dem aus, was
vor mir ist. Das Ziel vor Augen, jage ich nach dem*

85

Siegespreis: der himmlischen Berufung, die Gott uns in Christus Jesus schenkt. Phil 3,7–14

Die siebte Wurzelsünde ist eine, auf die man zunächst am wenigsten kommt, weil sie so hinter- und untergründig, so schleichend und verborgen ist und man sie nicht gleich als Gefährdung wahrnimmt. Vielleicht ist sie gerade deshalb so gefährlich. Es ist die Trägheit, die Langeweile, der Überdruss, die stumpfe Gleichgültigkeit. So wird das Wort *acedia* übersetzt. Es ist die Haltung, stets dem auszuweichen, was auf einen zukommt, die umfassende Unlust, die Null-Bock-Stimmung. Die mittelalterliche Kunst kennt dafür die Symbole des faulen Esels, des altersschwachen Gauls und des sturen Ochsen oder auch des Vogels Strauß, der den Kopf in den Sand steckt und die Realität nicht wahrnimmt.

Acedia meint Trägheit in Betriebsamkeit, die Unlust im Tun. Sie meint einen Zustand der Seele, der von Müdigkeit, Traurigkeit, ja Widerwillen gekennzeichnet ist. Wir tun unsere Arbeit, sind fleißig und funktionieren wie jeden Tag. Aber wir funktionieren eben nur äußerlich.

Innerlich fühlen wir uns leer und ohne Antrieb. Ein Blick auf die Uhr: Heute scheint die Zeit überhaupt nicht voranzugehen. Kommt keiner, um mich abzulenken? Ausgerechnet diese Arbeit steht jetzt an, gerade der, gerade die muss mich jetzt beanspruchen. Könnte ich nicht ganz woanders sein? Überall, nur

nicht hier! Jede Beschäftigung, nur nicht diese! In einem Gedicht von Thomas Brasch ist dieses Gefühl
beschrieben:[11]

> Was ich habe, will ich nicht verlieren, aber
> wo ich bin, will ich nicht bleiben, aber
> die ich liebe, will ich nicht verlassen, aber
> die ich kenne, will ich nicht sehen, aber
> wo ich lebe, da will ich nicht sterben, aber
> wo ich sterbe, da will ich nicht hin:
> Bleiben will ich, wo ich nie gewesen bin.

Acedia ist die Ursache vieler schädlicher Wirkungen –
schädlich für mich selbst und für alle, die mit einem
solchen trägen und leeren Menschen zu tun haben.
Er verbreitet Missmut und Langeweile, Unruhe und
Unentschiedenheit. Er ist nie richtig bei dem, was er
gerade tut. Das Leben läuft ab auf dem Hintergrund
von Traurigkeit und Unzufriedenheit – mit sich
selbst. Menschen aller Zeiten quälen sich mit diesem
Zustand herum. Auch in eine Vernachlässigung der
Pflichten oder der Mitmenschen kann er führen,
oder in eine große Unordnung, da man sich nicht
mehr richtig um etwas kümmert.

In einer Sammlung von Sinnsprüchen aus dem
4./5. Jahrhundert, den »Apophthegmata Patrum«, ist
zu lesen:

Ein Bruder fragte den Abbas Poimen: »Was fange ich mit der Last an, die mich bedrückt?« Der Greis sagte zu ihm: »Große und kleine Schiffe haben Gürtel. Wenn kein günstiger Fahrtwind ist, dann werfen die Schiffer Zugtaue mit den Gürteln über die Brust und ziehen so eine Weile das Schiff, bis ihnen Gott Wind schickt. Wenn sie aber merken, dass Finsternis eingefallen ist, dann ankern sie und stecken einen Pflock ein, damit das Schiff nicht hin und her schwankt.«

Also: die Dinge selbst neu in die Hand nehmen, bei Finsternis ausharren, sich festmachen beim Größeren, Pflöcke setzen, alles, nur nicht flüchten – das ist der rechte Umgang mit dieser Grundversuchung der Trägheit.

Auch der Prophet Elija hat diese Erfahrung des Überdrusses und des Flüchtenwollens vor dem Leben gemacht. Nach dem sensationellen Sieg über die Baalspriester, der ihm Verfolgung und Not einbringt, flieht er in die Wüste: »Nun ist es genug, Herr. Nimm mein Leben; denn ich bin nicht besser als meine Väter« (1 Kön 19,4). In dieser Situation rührt Gott ihn an, rüttelt ihn auf: »Steh auf und iss! Sonst ist der Weg zu weit für dich!« Er gibt ihm Brot und Wasser als Nahrung und zeigt sich ihm nach dem Aufbruch auf neue Weise: nicht im Erdbeben, nicht im Sturm, nicht im Feuer, sondern in sanftem, leisem Säuseln, in sich verschwebendem Schweigen nach der

Aufforderung: »Komm heraus und stell dich auf den Berg vor den Herrn!« – Wer seine Resignation noch vor den Herrn bringt im Gebet – »Nun ist es aber genug, Herr« – ist in seiner Acedia noch nicht verloren. Er wird herausgerufen von Gott, auf dem Weg zu bleiben und Ihn in neuer Weise zu erfahren.

Auch der Prophet Jeremia macht solche Phasen durch (Jer 20,7 ff.): »Du hast mich betört, o Herr, und ich ließ mich betören ... Ich quälte mich, es auszuhalten und konnte es nicht ... Verflucht der Tag, an dem ich geboren wurde ... Warum kam ich hervor aus dem Mutterschoß, um nur Mühsal und Kummer zu erleben?« Der Herr aber gibt ihm weiter Aufträge, er lässt sich auf diese Resignation des Jeremia nicht ein, er bleibt bei seiner Weisung: »Wohin ich dich auch sende, dahin sollst du gehen, und was ich dir auftrage, das sollst du verkünden. Fürchte dich nicht vor ihnen; denn ich bin mit dir, um dich zu retten« (Jer 1,7). – Die Acedia durchzustehen gelingt nur in der Erinnerung an den Gott, dem der Mensch nie langweilig und der seiner nie überdrüssig wird. Wer vor Gott flüchtet, muss wissen, dass er letztlich doch wieder auf ihn zuläuft, wie es auch die Jona-Geschichte exemplarisch zeigt.

Der in Managerkreisen gefragte Augustinerpater Hermann-Josef Zoche beschreibt die Acedia so:

Gleichgültigkeit ist das Laster, das den Menschen an der Ausübung seiner Freiheit hindert. Die indifferente Haltung führt zu einer Apathie, die Menschen von der Wirklichkeit entfernt. Sie schiebt sich wie ein feiner Filter vor die Wahrnehmung und lässt kaum noch etwas eindringen, das den Geist bewegen könnte. … Er macht sich keine Feinde und keine Freunde. Ihm fehlt ein soziales Gespür … Einsichten in das, was notwendig und geboten ist, gehen ihm ab, und die Folgen seines Verhaltens interessieren ihn nicht … und er glaubt im Übrigen schon lange nicht mehr, dass sich etwas ändern wird.[12]

Ist dieser Zustand nicht heute auch oft begründet in einer grenzenlos erscheinenden Freiheit, in der alles möglich ist und der Mensch von diesen unendlichen Möglichkeiten überfordert wird? Wo sich alles gleichgültig anbietet ohne Bindung, ohne Maßstab, ohne Wahl und Entscheidung, macht sich Grauheit breit, weil das Leben immer mehr an Profil verliert. Oder eben ein Zustand der Resignation und Depression angesichts all dessen, was nicht gelingt, was nicht besser wird, was wie tägliche Sisyphus-Arbeit oder Hamsterrad-Erfahrung wirkt. Alles Mühen oder auch Ruhen hat dann kein Ziel, keinen Nutzen, keine Bedeutung.

Frustration, Vergeblichkeit wird zur Grunderfahrung und Grundversuchung. Es gilt nicht mehr das herausfordernde Wort Jesu: »Umsonst habt ihr empfangen, umsonst sollt ihr geben« (Mt 10,8); aus Geschenk, aus Gnade, weil euch alles gegeben ist, könnt, ja sollt ihr großzügig sein. Nein, viele erfahren eher: Vergeblich haben wir empfangen, vergeblich geben wir – umsonst!

All diese Aspekte führen zu dem, was der Auferstandene in der Offenbarung des Johannes der Gemeinde von Sardes vorwirft: »Dem Namen nach lebst du, aber du bist tot. Werde wach und stärke, was noch übrig ist, was schon im Sterben lag« (Offb 3,1 f.). Hier wird deutlich, dass diese Acedia, diese Trägheit, dieser Überdruss nicht nur Einzelne erfasst, sondern dass auch Gemeinden, ja die Kirche nicht davor gefeit sind.

Null-Bock: keine Lust, kein Feuer; Null-Zoff, nur keine Auseinandersetzungen. Was so von Jugendlichen der letzten Jahre oft gesagt wurde und wird, ist auch eine Gefahr in Gemeinden, die letztlich nichts mehr erwarten vom Christentum. Sie dümpeln dahin. Große Anstrengungen sind zwecklos. Man findet sich ab mit den zahlenmäßigen Abbrüchen und freundet sich gar an mit dem Untergang des eigenen christlichen Lebens. Oder man lullt sich ein in Schönfärberei und Realitätsverlust, wodurch das Leben so hohl wird, dass es letztlich zerbricht. »Das ist eben so.« – »Da ist ja doch nichts zu machen.« – »Ich kann daran sowieso nichts ändern.«

Trägheit, Gleichgültigkeit als Sich-Abfinden mit der Situation, die bleibt, wie sie ist. Wer weder die Wertschätzung für die Vergangenheit kennt noch den Traum von einer besseren Zukunft, hat auch keine Kraft mehr für das Jetzt, für das Heute. Ohne Herausforderung, ohne Konzept, ohne Ziel, ohne Vision lebt man in den Tag und merkt noch stereotyp an: Die Kirche hat ja schon Schlimmeres durchgestanden.

Das hat nichts mit der Gelassenheit eines vertrauenden Christenmenschen zu tun, der das Entscheidende von Gott erwartet und dem Geist Raum lässt. Nein, hier geht es darum, selbst Gott die Zukunft nicht mehr zuzutrauen, Geschichte nicht mehr geschehen zu lassen, blind zu sein für Aufbrüche und neue Ansätze, zumal in der Kirche. Bischof Joachim Wanke von Erfurt hat es auf einen Nenner gebracht: »Unserer katholischen Kirche in Deutschland fehlt etwas. Es ist nicht das Geld, es sind auch nicht die Gläubigen. Unserer katholischen Kirche in Deutschland fehlt die Überzeugung, neue Christen gewinnen zu können. Das ist ihr derzeit schwerster Mangel. In unseren Gemeinden, bis in deren Kernbereiche hinein, besteht die Ansicht, dass Mission etwas für Afrika oder Asien sei, nicht aber für Hamburg, München, Leipzig oder Berlin.«[13]

Auch gesellschaftlich wirkt sich solche Versuchung gefährlich aus in einer politischen Lethargie, in einem Überdruss gegenüber dem Einsatz für das Ganze. Private Ansprüche und hohe Erwartungen an den Staat ohne eigenen Selbsteinsatz sind die Folge. Die Wachsamkeit für falsche Entwicklungen nach rechts und links nimmt ab, Profile verschwinden bei Parteien und Persönlichkeiten; niedrige Wahlbeteiligungen und das Gefühl einer Ohnmacht gegenüber den Entwicklungen, zu denen man sowieso nichts beitragen kann, tun ein Übriges. Ein auf das breite und weite Zusammenspiel aller Kräfte gerichtetes Gemeinwesen wird dann schwierig.

Paulus ist – bei allem Ringen um seinen Weg – ein Gegenbeispiel. Er hat sich zutiefst erschüttern und wandeln lassen von Christus, er staunt über die unglaubliche Gnade Gottes und er hat ein klares Ziel vor Augen: die Gemeinschaft mit Christus und mit dem lebendigen dreifaltigen Gott.

> Ich sehe alles als Verlust und Unrat an, weil die Erkenntnis Christi alles übertrifft. Nicht meine eigene Gerechtigkeit suche ich, sondern jene, die aus dem Glauben an Christus kommt. Christus will ich erkennen und die Macht seiner Auferstehung und die Gemeinschaft mit seinem Leiden; sein Tod soll mich prägen. Von Christus bin ich ergriffen. Ich bilde mir nicht ein, dass ich es schon ergriffen hätte. Eines aber tue ich: Ich strecke mich nach dem aus, was vor mir ist. Das Ziel vor Augen, jage ich nach dem Siegespreis: der himmlischen Berufung, die Gott und in Jesus Christus schenkt (vgl. Phil 3,7–14).

Hier haben wir einen Menschen vor uns, der der Grundversuchung der Trägheit entgangen ist, der zielgerichtet kämpft und ringt. Die Kraft dazu hat er, weil er weiß, dass Gott in Christus das Entscheidende schon getan hat. »Ist Gott für uns, wer ist dann gegen uns? Er hat seinen eigenen Sohn nicht verschont, sondern ihn für uns alle hingegeben – wie sollte er uns mit ihm nicht alles schenken?« (Röm 8,31 f.). Und wer alles geschenkt bekommt, der darf auch alles wagen.

Denn wir haben einen Gott, der nicht in der ewigen Selbstgenügsamkeit des Göttlichen geblieben ist, in der Ruhe seiner eigenen Ausgeglichenheit, sondern der aus drängender Liebe unruhig ist, bis er seinen Menschen gefunden und erlöst hat. »Unruhig ist unser Herz, ist der Mensch, bis es ruht in dir, o Gott«, hat der heilige Augustinus gebetet.[14] Ich möchte ergänzen: Unruhig ist Gott, bis er beim Menschen angekommen ist. Deshalb solidarisiert er sich mit den Menschen, macht sich eins mit ihnen durch die Menschwerdung bis zum Tod am Kreuz und bis in die Brotwerdung in der Eucharistie, wo er sich uns zu stärkender Nahrung gibt, um uns immer neuen Mut zu schenken (vgl. Apg 27,14 ff.). Ja, selbst stellvertretend tritt er für uns alle ein, um uns alle zu Gott zu führen.

Deshalb ist der Blick auf das Leben Jesu mit seiner Zuwendung, mit seiner täglich neuen Hingabe und der Blick auf den Gekreuzigten – gerade heute – der

> »Unruhig ist Gott, bis er beim Menschen angekommen ist.«

wichtigste Blick gegen alle Gleichgültigkeit, Trägheit, Langeweile, Unlust. Nicht weil uns da ein aktivistischer und laut donnernder Gott in Macht und Herrlichkeit aufstrahlte, sondern weil sich uns ein Gesicht endgültig zuneigt und uns seinen Geist übergibt (vgl. Joh 19,30), Jesus, der alles, ja wirklich alles, sogar sein Gott-Sein für uns hingegeben hat, der sich bis ins Letzte engagiert hat für uns. Gerade durch das geneigte Haupt, das geöffnete Herz und die ausgespannten Arme rettet er uns vor dem Verfall in den inneren Tod der Trägheit und Apathie.

Immer, wenn wir uns oder andere mit dem Kreuzzeichen segnen, vertiefen wir die Signatur des Kreuzes in unserem Leben und in der Welt: durch die Bewegung nach oben zum größeren Gott, dem Vater, gegen die Versuchung, selbst sein zu wollen wie Gott; durch die Bewegung nach unten mit dem Sohn gegen die Versuchung, sich dem Menschen zu verweigern; und durch die Bewegung nach links und rechts mit dem gemeinschaft- und einheitstiftenden Geist eines Christus, der seine Hände am Kreuz ausbreitet, um alle an sich zu ziehen (vgl. Joh 12,32).

Das Kreuz als Zeichen der dreifaltigen Liebe Gottes und als Zeichen unserer dreifaltigen Liebe zu Gott und seiner Kirche, zu den Menschen und zu uns selbst. Wir sollten uns jeden Abend fragen: War es ein Tag vor Gott, ein Tag für die Menschen, ein Tag des Miteinanders im Geist Christi? Denn so wird das Kreuz-Zeichen das entscheidende Pluszeichen, Siegeszeichen, Lebenszeichen gegen die Wurzelsünden. Da geschieht die entscheidende Wurzelbehandlung der Schattenseiten unseres Lebens.

Epilog

Das Gegenmittel: österlich leben

EINE TÜR IST GEÖFFNET, DIE NIEMAND MEHR SCHLIESSEN KANN

Es war einmal ein Mann, den verstimmte der Anblick seines eigenen Schattens so sehr, der war so unglücklich über seine eigenen Schritte, dass er beschloss, sie hinter sich zu lassen. Er sage sich: Ich laufe ihnen einfach davon. So stand er auf und lief davon. Aber jedes Mal, wenn er seinen Fuß aufsetzte, hatte er wieder einen Schritt getan, und sein Schatten folgte ihm mühelos. Er sagte zu sich: Ich muss schneller laufen. Also lief er schneller und schneller, lief so lange, bis er tot zu Boden sank. Wäre er einfach in den Schatten eines Baumes getreten, so wäre er seinen eigenen Schatten losgeworden, und hätte er sich hingesetzt, so hätte es keine Schritte mehr gegeben. Aber darauf kam er nicht.[15]

Wir können und dürfen vor unseren Unzulänglichkeiten, unseren Schattenseiten, unseren Sünden nicht weglaufen. Aber wir dürfen uns mit ihnen unter den Baum des Kreuzes, in den Schatten des Kreuzes stellen. Jesus selbst nimmt unsere Sünden auf sich, »wird für uns zur Sünde« (vgl. 2 Kor 5,21) und unterfängt unsere Abgründe mit seinem Abstieg in das Reich des Todes, in die Hölle. Sünde und Tod untergraben das Leben; Christus, der Auferstandene, das Leben, untergräbt Sünde und Tod. Er ist an die Wurzeln unseres Versagens gegangen, um neues Leben wachsen zu lassen und neues Licht in unsere Dunkelheit zu bringen. Er wandelt uns von innen her. »Ich bin mit Christus gekreuzigt worden«, sagt Paulus, »nicht mehr ich lebe, sondern Christus lebt in mir« (Gal 2,19 f.). Und: »Ich aber will mich allein des Kreuzes Jesu Christi, unseres Herrn, rühmen, durch das mir die Welt gekreuzigt ist und ich der Welt« (Gal 6,14).

Wer sich seinen eigenen Abgründen und Wurzelsünden gestellt hat, wer dem Grauen nicht ausgewichen ist, dem wird der Stein weggewälzt, dem wird neues Leben verkündet und geschenkt. Der alte Sauerteig, der alte Lebensstil wird überwunden und versauert nicht mehr unser Leben, sondern Sein Leben durchsäuert es: Kopf, Herz, Hand und Fuß; Vernunft und Handeln; Glaube, Hoffnung und Liebe; Klugheit, Maß, Mut ... Der Auferstandene ist der Grund, die Be-Gründung des neuen, österlich-pfingstlichen Lebensstils.

»Der Pfingsttag kennt keinen Abend, denn seine Sonne, die Liebe, geht nie unter« (Hermann Schell). Das Ostergeheimnis kennt kein Ende, weil das Leben ein für alle Male unser Leben durchwirkt. Selbst wenn die sieben Wurzelsünden unser Glaubensleben aus der Tiefe immer neu angreifen, in Frage stellen, beeinträchtigen: Der Sieg des Auferstandenen reicht tiefer. Er lässt den Baum unseres Lebens Wurzeln schlagen an den Wurzeln des Lebens. Er lässt ihn Früchte des Geistes hervorbringen über all das hinaus, was immer neu absterben muss, weil es unfruchtbar und faul geworden ist. Die letzten Seiten der Bibel (Offb 21/22) erzählen uns von diesem neuen Leben aus neuem Wurzelgrund und bestätigen die Aussage des Auferstandenen zu Beginn der Offenbarung: »Ich habe vor dir eine Tür geöffnet, die niemand mehr schließen kann« (Offb 3,8), und dadurch einen Raum erschlossen, in dem du leben und atmen kannst.

Die Gaben des Geistes und auch die bei Paulus beschriebenen Früchte des Geistes sind die Gegenmittel, die ›Grundstoffe‹ gegen die sieben Wurzelsünden. Dort sind es Weisheit, Einsicht, Rat, Erkenntnis, Stärke, Frömmigkeit, Gottesfurcht; hier Liebe, Freude, Friede, Langmut, Freundlichkeit, Güte, Treue, Sanftmut und Selbstbeherrschung (Gal 5,22 f.). Diese Gaben und Früchte sind Gaben des Auferstandenen, der in seinem Geist unter uns bleibt. Die Abgründe unseres Lebens sind deshalb nicht zugeschüttet, aber sie sind überwindbar geworden.

Anmerkungen

[1] Joseph Kardinal Ratzinger, Kirche und Wirtschaft in der Verantwortung für die Zukunft der Weltwirtschaft. Vortrag auf einer gemeinsamen Veranstaltung des Instituts der deutschen Wirtschaft Köln, der Internationalen Vereinigung Katholischer Universitäten, der Konrad-Adenauer-Stiftung und des Päpstlichen Rats für die Laien in Rom, 1985 © Libreria Editrice Vaticana.

[2] Andreas Knapp, Brennender als Feuer. Geistliche Gedichte © Echter Verlag Würzburg, 5. Aufl. 2010, S. 42.

[3] Antoine de Saint-Exupéry, Der kleine Prinz, Kapitel XXI.

[4] Antoine de Saint-Exupéry, Wind, Sand und Sterne, Düsseldorf [18]1989, S. 178.

[5] Augustinus, In epistulam Ioannis ad Parthos, tractatus VII,8.

[6] Irenäus, Adversus haereses IV,20,7.

[7] Andreas Knapp, Weiter als der Horizont. Gedichte über alles hinaus © Echter Verlag Würzburg, 6. Aufl. 2009, S. 57.

[8] Joseph Ratzinger, Die Hoffnung des Senfkorns. Betrachtungen zu den zwölf Monaten des Jahres, Meitinger Kleinschriften 27, Freising 1973, S. 29 ff. © Libreria Editrice Vaticana.

[9] Ignatius von Loyola, Die Exerzitien. Übertragen von Hans Urs von Balthasar, Einsiedeln 1962, Nr. 23 (Prinzip und Fundament).

[10] Alfred Delp, Kirche in Menschenhänden, hrsg. v. Roman Bleistein © Verlag Josef Knecht, Frankfurt a. M. 1985, S. 77–79.

[11] Thomes Brasch, Kargo – 32. Versuch, auf einem untergehenden Schiff aus der eigenen Haut zu kommen © Suhrkamp Verlag Frankfurt a. M. 1977.

[12] Hermann-Josef Zoche, Die sieben Todsünden unserer Zeit © Econ Verlag Berlin 2008, S. 59 f.

[13] Joachim Wanke in: Die Deutschen Bischöfe, Zeit zur Aussaat. Missionarisch Kirche sein, Bonn 2000, S. 35.

[14] Vgl. Augustinus, Confessiones II/4.

[15] Dem chinesischen Dichterphilosophen Tschuang-tse, 365–290 v. Chr., zugeschrieben.